信心的大小

The Measure of Faith

李载禄博士

URIM
BOOKS

本书所引圣经经文取自

《现代标点和合本》

●●● 目 录

自序

简介

但愿大家拥有完全属灵的信心，
进入神宝座的新耶路撒冷城，永享荣光。

《**信**心的大小》一书内容精要，在于指引人们认识属灵世界，也是信心生活的根基。愿神祝福此书的出版，亦将一切荣耀归给神。

有些基督徒虽然做信仰生活，却没有得救的确信，也不知有什么样的信心，才能得救？根据信仰生活可以评定信心「大」或「小」，但很难正确测定自己信心的程度和神所认可的程度。甚至有的人根本不知到信心有"大小"分别，以为有信心就够了。

殊不知，神所肯定的信心不是属肉的信心，而是有所行为的属灵的信心。属肉的信心只要听、学神的话语，知识上累积就能拥有，但属灵的信心并非自己想有就能有的，只有神赐下时才能拥有。

"要照着神所分给各人信心的大小，看得合乎中道。"（罗马书十二章3节）神赐给各人的属灵信心不同，祝福也不同。

约翰一书二章12至14节说明信心成长的过程，分为小子、孩子们、青年人、父老的信心阶段，哥林多前书十五章41节又说："日有日的荣光，月有月的荣光，星有星的荣光。这星和那星的荣光也有分别。"

按个人属灵的信心，天国的居所和荣光也不同。进天国固然重要，但进入何等居所，得何种冠冕及奖赏更重要。

　　本书以神的话为基础，把信心的大小和天国分为五阶段阐述，读者可借以审视自己：究竟信心属哪一个阶段？

　　我为圣经晦涩难解的部分禁食祷告了数年，神启示我：将依照各人信心的大小区别天国居所，这是属灵知识上划时代的启示，本书也是集结讲道信息编纂而成。

　　编辑部宾锦善部长及全体同工，为此书的出版都付出了努力。在此表达谢意。

　　也奉主耶稣的圣名祝福读者，因此书而拥有属灵的信心，得以进入神宝座所在的新耶路撒冷城，永享幸福。

李载禄 博士

愿本书能成为基督徒测量自己信心大小的"测量表"。
努力达到神所喜悦的属灵信心。

此书详述从刚接待耶稣基督领受圣灵之"小子们"的信心，到"父老"的信心，读者可从中学习，如何测量自己信心的程度。

第一章/何谓信心？

说明"神所喜悦的信心"及得蒙的应允和祝福，同时把信心分为"属肉的信心"和"属灵的信心"两种。

第二章/属灵信心的成长过程

据约翰一书二章12至14节，以"小子"、"孩子（韩国语圣经）"、"青年人"和"父老"为比喻，说明从接待耶稣基督，直到信心坚固的成长过程。

第三章/神所分赐的信心大小

为使读者易于了解信心的分量，用"金"、"银"、"宝石"、"草木"、"禾秸"作比喻，并强调即使遇到火一般的试炼，也要拥有像纯金般不被烧坏的信心。

第四章/为得救赎的信心

属灵的信心分成五个阶段, 第一阶段的信心是"小子们的信心", 是仅能勉强得救的信心。并以实际人物为例, 劝勉读者: 信心需要不断地努力增长。

第五章/努力遵行神话语的信心

讲述基督徒虽然想努力遵行神的旨意, 却难以成就的原因, 及最艰难的第二阶段信心之特征, 并指引能迅速进入信心第三阶段的方法。

第六章/能遵行神话语的信心

说明第三阶段信心的初期状态和经过, 与进入到第三阶段百分之六十以上, 有如"磐石"般的信心。

第七章/极其爱主的信心

说明信心第三个阶段和第四阶段之间, 爱主深度的不同, 爱主极深时, 可得何等的祝福。

第八章/讨神喜悦的信心

第五阶段的信心, 可拥有像以诺、以利亚、亚伯拉罕、摩西一样, 不仅圣洁, 还能完全担当使命, 并做到全家尽忠, 甚至愿意为主殉道。

第九章/在信的人所伴随的神迹

马可福音十六章17-18节, 具体说明: 拥有完全的信心时, 神迹将随之而来。特别强调借伴随而来的神迹, 证实所传的道, 见证永活全能的神。

第十章/不同的居所与冠冕

"按信心的分量, 将得到不同的居所和冠冕"为本书的结论。具体介绍天国中许多的居所, 是依照个人信心的大小, 在不同居所享有不同的荣光和赏赐。

若能明白将来在永恒的天国中, 依据个人信心的大小所获得的居所和冠冕都不同时，人们对信仰的心态必将有所改变。

恳切地期盼每一位读者，都能达到神所喜悦的信心，凡事都能蒙应允和祝福，并把一切荣耀归于神。

编辑部长　宾锦善

第一章

何谓信心？

1. 神所喜悦的信心

2. "凡事都能的信心"之伟大力量

3. 属肉的信心与属灵的信心之区别

4. 如何拥有属灵的信心？

第一章

希伯来书十一章1-3节

信就是所望之事的实底，是未见之事的确据。

古人在这信上得了美好的证据。

我们因着信，就知道诸世界是藉神话造成的，

这样，所看见的，并不是从显然之物造出来的。

从圣经里，可以看到许多在现实情况是"根本不可能"的事，最终却凭着神的能力奇妙地成就了。

例如：摩西依靠神的大能分开红海，海就成了干地，使以色列人得以安然走过；约书亚和以色列百姓绕行耶利哥城13次后呼喊，使城墙塌陷；以利亚祷告呼求结束三年半的旱灾，降雨在地上；彼得叫那坐在美门口乞食的瘸子起来行走；使徒保罗使从三层楼摔下来，死了的人复活；主耶稣能够行走在海面上，叫风和海平静，叫瞎子看见，叫死了四天的拉撒路复活等等。

如此看来，信心的力量何其强大。马可福音九章23节说："你若能信，在信的人，凡事都能。"若拥有神所喜悦的信心，无论祈求什么，都必得着。

什么是"神所喜悦的信心"，又如何能拥有这种信心呢？

1. 神所喜悦的信心

圣灵通过保罗说："人非有信，就不能得神的喜悦；因为到神面前来的人，必须信有神，且信他赏赐那寻求他的人。"（希伯来书十一章6节）由此经文可知，真正的信心，才能得神喜悦。现今虽然许多基督徒声称相信全知全能的神，却并未有真正的信心，所以祷告不蒙应允。

信心是祷告蒙应允和蒙神祝福的钥匙，可惜，有很多神的儿女因未曾正确了解神所喜悦的信心是什么，而无法享受蒙福的人生，甚至未能得救。

信就是所望之事的实底，是未见之事的确据

现代词典中，信的定义是：确实、信用、相信、信奉等等，相信的心，或相信神、仰望神。

希腊文意思是："坚定、真实、值得相信。"圣经对信心的定义在希伯来书十一章1-2节："信就是所望之事的实底，是未见之事的确据。古人在这信上得了美好的证据。"

"所望之事的实底"是指"确信未来必得到所盼望的"，也就是"所盼望的一定会被实现"的意思。因疾病而受尽痛苦的人，当然盼望病得医治，恢复健康。若具备了神所喜悦的信心，就能成就心中"所望之事的实底"——康复。

"未见之事的确据"是指肉眼看不到的事物，用"属灵的眼睛"看见的属灵的信心和确据。

所以，相信神的创造是从无到有，这就是信心。有了这种信心，也就能相信起初神是用话语创造了天地万物——正如圣经所记载的。虽然未能亲眼目睹创造人类之前的情况，但相信这一切都是神的创造，且不疑惑。

因此，希伯来书十一章3节说："我们因着信，就知道诸世界是藉神话造成的，这样，所看见的，并不是从显然之物造出来的。"

圣经上说："起初，神创造天地……神说：'要有光'，就有了光……神说：'地要发生青草和结种子的菜蔬，并结果子的树木，各

从其类,果子都包着核。'事就这样成了"（创世记一章1-11节）由此可知：呈现在我们眼前的宇宙万物,绝不是用某种材料造出来的。

但一般人相信"从有到有"的"创造",却难以接受"使无变有"、凭空创造出来的事物。

信心的确据当有顺服的行为

神国度的法则即是：要使"所望之事"成为"实底",需要有神所肯定的信心确据,从相信神的话语开始,以带出顺服的行动。

希伯来书十一章4-7节,因信得以称义的古人、先知们,都有显而易见的信心确据。

正如：亚伯是因着信,向神献血祭,便得称义的证据；以诺因着圣洁而得神喜悦他的明证；挪亚因信,预备方舟,得蒙从信而得的义。

创世记四章1-15节该隐和亚伯的事件中,可以了解什么样的行为才是神所认定的信心确据。

该隐和亚伯两兄弟,是亚当和夏娃吃了分别善恶树上的果子犯罪后,被逐出伊甸园、来到世上所生的儿子。

亚当和夏娃体验了在受咒诅的土地上,汗流满面才得糊口的生活,也加增了怀胎的苦楚,一定后悔当初背叛神,也必然教导儿女们要遵行神的旨意,要顺从神,并多次叮咛：若犯了罪,就要宰杀祭牲,向神献血祭,罪才可得赦免。因此,该隐和亚伯都应该很清楚,在神面前献供物的时候,按教导当献上血祭。

但该隐按着自己的意思，随意拿地里的出产为祭物献给神。亚伯是牧羊的，则照神的旨意，将羊群中头生的和羊的脂油作为供物献给神。

结果神看中亚伯和他的供物，却看不中该隐和他的供物。就像希伯来书十一章4节，亚伯在神面前因信心的行为称义。

因此，蒙神的信任和认可，是根据相信神的话语和顺从的程度。

透过以诺和挪亚的例子就能明白：信心的确据就是顺服神。

信心的结果是蒙应允和祝福

如此，凭着信心，从"所望"出发，直到"实底"的目的地，应该正确地遵行神的话语。像该隐一样，觉得艰难又厌烦而不遵行，照灵界的法则，就得不到应允和祝福。

因此，希伯来书十一章8-19节详细记载：亚伯拉罕凭信心顺服神的呼召，离开家乡。百岁时生儿子以撒，神命令他献应许的儿子以撒为燔祭，他相信神能使死人复活，因而立即顺服。凭着信心的行为，亚伯拉罕蒙神极大的应允和祝福。

耶和华的使者第二次从天上呼叫亚伯拉罕说："耶和华说：'你既行了这事，不留下你的儿子，就是你独生的儿子，我便指着自己起誓说：论福，我必赐大福给你；论子孙，我必叫你的子孙多起来，如同天上的星，海边的沙。你子孙必得着仇敌

的城门，并且地上万国都必因你的后裔得福，因为你听从了我的话。'"（创世记二十二章15-18节）

创世记二十四章1节也说："亚伯拉罕年纪老迈，向来在一切事上耶和华都赐福给他。"又在雅各书二章23节说："亚伯拉罕信神，这就算为他的义。他又得称为神的朋友。"

此外，亚伯拉罕得蒙许多祝福，是因他完全相信神，把一切的事交托给那掌管生死祸福的全能者。

若能正确知道信心的定义，像亚伯拉罕一样完全顺服，证明自己的信心，凡事必定得神的祝福，并得蒙各样应允。

2. "凡事都能的信心"之伟大力量

信心就是进入属灵世界的钥匙，有了信心，才能与神交通，且能开启属灵的耳朵和眼睛，领悟神的话语，也能看到肉眼看不到的属灵世界。

在天国的盼望中，圣徒只要遵行神的旨意，无论祈求什么，都能得蒙应允。

若圣徒心中充满了感恩、喜乐和天国的盼望，必定会爱神，并竭力讨神喜悦。如此就能圣灵充满，以权能来荣耀神。就如使徒保罗一样，至死忠诚，因爱神不惜牺牲生命，这个世界岂能承受如此充满信心的人呢？

世界难以承受的信心力量

希伯来书十一章33-38节的经文，让人看见信心的力量是何等的惊人。

"他们因着信，制伏了敌国，行了公义，得了应许，堵了狮子的口，灭了烈火的猛势，脱了刀剑的锋刃，软弱变为刚强，争战显出勇敢，打退外邦的全军。有妇人得自己的死人复活，又有人忍受严刑，不肯苟且得释放，为要得着更美的复活。又有人忍受戏弄、鞭打、捆锁、监禁各等的磨炼，被石头打死，被锯锯死，受试探，被刀杀，披着绵羊、山羊的皮各处奔跑，受贫乏、患难、苦害，在旷野、山岭、山洞、地穴飘流无定，本是世界不配有的人。"

拥有如此信心的人，不仅能舍弃荣华富贵，而且也能牺牲生命。约翰一书四章18节："爱里没有惧怕；爱既完全，就把惧怕除去。"随着爱的加深，惧怕会逐渐消失。

在人看来不可能的事，神的大能却能成就。以利亚求降火见证神；以利沙用灵感探得敌军的方位，拯救国家；但以理虽被扔进狮子坑中，却毫无损伤。

新约时代，也有许多人为福音献上生命。耶稣的十二门徒中，首先殉道的雅各被刀所杀；彼得被倒钉在十字架上，殉道而死；使徒保罗传福音时，尽管多次被打和遇险，因爱主，虽在监牢中也能感恩和喜乐，甚至为主殉道。还有很多基督徒受罗马政府迫害，成为竞技场里猛兽口中的食物；有的躲在地窖，暗无天日，终老而死。

使徒保罗说："谁能使我们与基督的爱隔绝呢？难道是患难吗？是困苦吗？是逼迫吗？是饥饿吗？是赤身露体吗？是危险吗？是刀剑吗？"（罗马书八章35节）因他在任何情况下，都能以坚定不移的信心勇敢面对，战胜一切。

"解决所有人生问题的信心"之力量

马可福音二章记载：耶稣进了迦百农，当人们听见祂在房子里，就有许多人聚集，甚至连门前都没有空地。这时有四个人抬着一个瘫子过来，要见耶稣，可是因为人多，不得近前，所以他们就上了房，拆了耶稣所在屋子的房顶，把瘫子缒到耶稣面前。这时，耶稣见瘫子和他四个朋友们的信心，就对瘫子说："小子，你的罪赦了。" 这时瘫子立刻得到医治。

有几个文士坐在那里，心里议论说："这个人为什么这样说呢？他说僭妄的话了，除了神以外，谁能赦罪呢？"耶稣心中知道他们心里这样议论，就说："你们心里为什么这样议论呢？或对瘫子说'你的罪赦了'，或说'起来，拿你的褥子走'，哪一样容易呢？但要叫你们知道，人子在地上有赦罪的权柄。"

然后对瘫子说："我吩咐你起来，拿你的褥子回家去吧！"那瘫子就起来，立刻拿着褥子，当众人面前出去了。

众人目睹这一切都惊奇，归荣耀与神说："我们从来没有见过

这样的事。"（参考二章1-12节）

我们要明白：因着信，罪得赦免，人生一切问题都可得到解决。因救主耶稣基督，在两千年前来到世上，代赎了人类一切贫穷与疾病，罪恶与死亡，为人类开启了救赎之路。因此只要罪的问题解决，无论是什么，祈求就能得着。

约翰一书三章21至22节："亲爱的弟兄啊，我们的心若不责备我们，就可以向神坦然无惧了。并且我们一切所求的，就从他得着，因为我们遵守他的命令，行他所喜悦的事。"若拆毁了与神隔绝的罪墙，就能坦然无惧地向神祈求，并且，无论求什么，都能得着。因此，耶稣说：

"不要为生命忧虑吃什么，喝什么，为身体忧虑穿什么。生命不胜于饮食吗？身体不胜于衣裳吗？你们看那天上的飞鸟，也不种，也不收，也不积蓄在仓里，你们的天父尚且养活它。你们不比飞鸟贵重得多吗？你们哪一个能用思虑使寿数多加一刻呢（或作"使身量多加一肘呢"）？何必为衣裳忧虑呢？你想：野地里的百合花怎么长起来；它也不劳苦，也不纺线；然而我告诉你们：就是所罗门极荣华的时候，他所穿戴的还不如这花一朵呢！你们这小信的人哪！野地里的草今天还在，明天就丢在炉里，神还给它这样的妆饰，何况你们呢！所以，不要忧虑说：'吃什么？喝什么？穿什么？'这都是外邦人所求的。你们需用的这一切东西，你们的天父是知道的。你们要先

求他的国和他的义，这些东西都要加给你们了。"（马太福音
六章25-33节）

真正相信这话的，必定先求"神的国和神的义"。如此，按主所
应许，在凡事上蒙福，不仅拥有得救和永生，也能享受万事亨通蒙
福的人生。

能掌控自然现象的信心之力量

信心的力量大有果效，连自然现象也无法伤害我们，反而被掌控。

有一次，耶稣和门徒们上了船，海里忽然起暴风，甚至船被大
浪掩盖。这时门徒们叫醒睡着的耶稣，说："主啊，救我们，我们丧
命啦！"耶稣对门徒说："你们这小信的人哪，为什么胆怯呢？"于
是起来，斥责风和海，风和海就大大地平静了（参考马太福音八章
23-27节）。

若真正有信心，面对风浪等自然现象是不会惧怕的，反而能掌
控并征服。

若想拥有能征服自然的信心力量，就当拥有如主耶稣那样"凡
事都能"完全的信心。因此，希伯来书十章22节："并我们心中天良
的亏欠已经洒去，身体用清水洗净了，就当存着诚心和充足的信心来
到神面前。"

详细查看圣经就会明白：若拥有完全的信心，无论祈求什么都
能得着，并能做比耶稣更大的事。

何谓信心？

"我实实在在地告诉你们：我所作的事，信我的人也要作，并且要作比这更大的事，因为我往父那里去。你们奉我的名无论求什么，我必成就，叫父因儿子得荣耀。"（约翰福音十四章12-13节）

因此，无所不能的信心力量是超乎想像的，因而要迅速拥有神所喜悦的真正信心，荣耀见证神。

3. 属肉的信心与属灵的信心之区别

当耶稣对百夫长说："照你的信心，给你成全了。"此时，百夫长的仆人就得医治了（参考马太福音八章13节）。由此可见，若拥有真正的信心，就能得蒙应允。有人虽说："我信"，却得不到应允，因那是与神不相干的属肉的信心，故祷告不蒙应允。而属灵的信心，不但能与神交通，且能蒙应允。

属肉的信心是知识上的信心

属肉的信心是：只有眼见为实、符合自己的常识、知识和经验，才能相信的信心。这是知识上的信心，或称为理性的信心。

例如：桌子是用木材做的，不管是否亲眼见过制造过程，都不会有所怀疑。这是谁都可以拥有的信心，是"从有到有"的信心，就如想制造某种实物，需准备相关的材料一样。我们的头脑里输入了许多自出生后所学的理论和知识，就是眼睛所看、耳朵所听的、透过父母、兄弟、周边人，以及在学校所学的，都存在记忆里，必要时可以运用。

这些知识中，有许多是不合乎神的非真理知识。神的道是永远不变的"真理"，而世上的知识，大多是随着时间而变化的"非真理"。然而，许多人因不认识真理，常误以为非真理就是真理。举例来说：许多人认为"进化论"就是真理。所以只相信 "从有到有"的"制造"，而不相信 "从无到有"的"创造"。

属肉的信心是死的信心

有属肉信心的人，即使到教会听神的话语，也很难使神的话语成为生命的粮食。因这样的人输入大脑的多是非真理的知识，所以很难接受从无到有的创造。因此，不容易相信圣经中所记载的无数神迹等事实。

这样的人虽接待了主耶稣，领受了圣灵，却只在恩典充满时才有信心，但因不常常祷告，信心软弱，只要觉得没有圣灵充满、得不到恩典时，就满心疑惑，将过去所得的认为是巧合。

有属肉信心的人心中是矛盾的，尽管嘴上说"信"，却是言不由衷。因未按神的话语生活，所以很难与神交通，也很难得到神的祝福。

"有仇必报"是世界的法则，而圣经教导："要爱你们的仇敌。"（马太福音五章44节）"有人打你的右脸，连左脸也转过来由他打。"（马太福音五章39节）有属肉信心的人，若被人打了一下，非要还手不可，与过去一样，仍活在仇恨、嫉妒、纷争、恼怒之中。虽然也想遵行神的旨意，却因神的话语与自己的意念不一致而很难遵行，更无法心存感恩和喜乐。

因此，雅各书说："身体没有灵魂是死的，信心没有行为也是死的。"（雅各书二章26节）属肉的信心就是这种没有行为的信心，是死的信心。这种信心的人，不仅无法得救，祷告也得不到应允。因为"凡称呼我'主啊，主啊'的人不能都进天国；惟独遵行我天父旨意的人才能进去。"（马太福音七章21节）

神所喜悦的信心是属灵的信心

属灵的信心正与属肉的信心相反，尽管眼睛还未看见，与自己的意念和知识不符，却凭信心相信：神用话语创造了天地万物，是从无到有的创造，也相信神按着自己的形像造人。

这属灵的信心唯有神才能赐予，并非靠人的意念能得到的。属灵的信心使人能相信圣经中所有的话语，因此，遵守神的话语并不困难，无论求什么，只要信，就必得着。神所喜悦的信心，正是这种有行为的信心，唯有这种信心才能进天国，祷告才能得应允。

属灵的信心是有行为的信心

若拥有属灵的信心，就得神肯定，也会得到应允和祝福的保障。例如：有两人为主人种地。两人具备的条件相同，可到了年底，一个有五袋的收成，另一个只有三袋的收成。那么，哪一个更得主人的欢心和肯定呢？

在同等的条件下，有不同的产量，表示在耕作的过程中，必有不同的付出。所以，产量多的，自然得主人的欢心和肯定。有五袋收成的，必然勤劳拔草，按时浇水，必定付出了许多辛劳和汗水。而三袋收成的，在耕作的过程中肯定是偷懒和马虎了。

同样的，神看重结出的果子，以所结的果子好坏、多寡分辨忠心的程度。神看重有行为的信心，并赐福给有信心的人。因此，若有人是处在属肉信心的层面，当快快努力改变，成为拥有属灵信心的圣徒。

耶稣被捕之前，彼得对主说："众人虽然为你的缘故跌倒，我却永不跌倒。"这时，耶稣对彼得说："我实在告诉你：今夜鸡叫以先，你要三次不认我。"（参考马太福音二十六章33-34节）尽管彼得是真心的告白，可是耶稣早已知道，彼得在生命危险之际会不认主。

当时彼得还未领受圣灵，看见耶稣被捕受辱，将危及自己生命时，三次不认主。可是彼得领受圣灵之后，属肉的信心变成属灵的信心，不再惧怕进监狱和生命的危险，放胆传扬福音，最后被倒钉在十字架上，跟随主，走义路。

属灵的信心是有行为的信心。因此不但能得救，并能迅速变化更新，顺从真理，就像亚伯拉罕一样能得到灵魂兴盛、凡事兴盛的祝福。

相反的，属肉的信心是没有行为的死信心，若不改变成属灵的信心，尽管长时间去教会做礼拜，不仅祷告得不到应允，最终也不能得救。

4. 如何拥有属灵的信心?

那么，如何得到神所喜悦的信心呢？如何才能把属肉的信心变成属灵的信心呢？如何把一切"所望之事"成为"实底"，对"未见之事"有"必得"的确据呢？

除掉一切疑惑的意念和理论

人自出生以来所领受的世上的知识，大部分违背神的道，因而对建立属灵的信心，造成极大的障碍。特别是"进化论"完全否定了神创造万物。主张进化论的人难以相信从无到有的创造，也难以相信创世记一章1节所说的"起初，神创造天地。"

因此，首先要除掉阻碍人拥有信心、与神的话语不符使人疑惑的理论，如"进化论"等。被这些非真理的理论辖制，就无法相信神的话语，即使热心去教会，积极参加礼拜甚至参与服侍，仍然无法得到属灵的信心。

使徒保罗在去大马色的途中遇见主之前，只是属肉的信心，因未能从属灵上认识救主耶稣基督，反而逼迫教会，抓捕信耶稣的人。若想把属肉的信心变成属灵的信心，首先要攻破"拦阻人认识神的各样计谋"。

"我们争战的兵器，本不是属血气的，乃是在神面前有能力，可以攻破坚固的营垒，将各样的计谋，各样拦阻人认识神的那些自高之事，一概攻破了，又将人所有的心意夺回，使他都顺服基督。并且我已经预备好了，等你们十分顺服的时候，要责罚那一切不顺服的人。"（哥林多后书十章4-6节）

使徒保罗攻破这一切，完全地顺服基督，拥有了属灵的信心后，火热地传福音。成了对外邦人宣教的先锋，为世界宣教的事工奠定了基础。

他在腓立比书三章7-9节告白："只是我先前以为与我有益的，我现在因基督都当作有损的。不但如此，我也将万事当作有损的，因我以认识我主基督耶稣为至宝。我为他已经丢弃万事，看作粪土，为要得着基督，并且得以在他里面，不是有自己因律法而得的义，乃是有信基督的义，就是因信神而来的义。"

要努力听神的话与虚心受教

那么，属肉的信心如何成为属灵的信心呢？罗马书十章17节说："可见，信道是从听道来的，听道是从基督的话来的。"因此，要努力听道并行道。

若不领受神的道，对神道无知，怎能遵行神的旨意，按神的话语生活呢？因此，努力听神的话语并虚心受教，是极其重要的。

可是，若把神的道只当作知识积攒起来，不去遵行，不仅不能效法主，反而会生出傲慢。神不会赐予这样的人属灵的信心。

若想成为出色的钢琴家，不管学了多少理论，如果不练习弹奏，就无法成为钢琴家。同样，尽管努力听道和受教，却不行道，这是毫无益处的。

全然相信并遵行神的道

听了神的道，若能不疑惑、全然相信，就能遵行神的旨意，并经历神的应许。心中有了确据，就能拥有属灵的信心。因此，自然会更加努力地遵行神的旨意。这样的过程不断重复，才能拥有完全遵行神旨意的信心，得着从神而来的恩典与能力。被圣灵感动、感化和充满时，就可以"凡事都能"。

跟随摩西出埃及的以色列百姓中，壮年的人数高达六十万。可是，真正相信神祝福的应许、顺服神的话语、进入迦南地的，却只有迦勒和约书亚两人。

民数记十四章11节记载耶和华神对以色列百姓发怒，对摩西说："这百姓藐视我要到几时呢？我在他们中间行了这一切神迹，他们还不信我要到几时呢？"

以色列百姓是认识神，自认为是信神的人，也亲眼目睹降在埃及的十灾和以神的能力分开红海的奇迹。在旷野中，日间，耶和华在云柱中带领他们；夜间，用火柱光照他们，耶和华神每天都降下吗哪喂养他们。

尽管如此，当神命令他们进入迦南地时，他们却因惧怕未能顺从，反而向摩西和亚伦发怨言，对抗神的命令。他们虽然目睹了无数的神迹奇事，但只拥有属肉的信心，未能改变成为顺服的属灵的信心。

属灵的信心就是在任何情况和环境下，都信靠全能的神，并遵行神的话语。若真正爱神，相信就能顺服，也必蒙福。

"你若口里认耶稣为主，心里信神叫他从死里复活，就必得救。因为，人心里相信，就可以称义；口里承认，就可以得救。"（罗马书十章9-10节）

在这里所说的"相信"，并非头脑的"相信"，而是没有疑惑、完全属灵的信心。真正相信神话语的人，必能遵行祂的旨意，并效法主，真实地告白说："我相信。"因为口里承认，就可以得救。

亲爱的读者:

　　愿属神的儿女都能拥有顺服神的属灵信心，讨神的喜悦，享受"凡事都能"的蒙福人生。

何谓信心?

第二章

属灵信心的
成长过程

第二章

约翰一书二章12-14节

小子们哪，我写信给你们，因为你们的罪藉着主名得了赦免。

父老啊，我写信给你们，因为你们认识那从起初原有的。

少年人哪，我写信给你们，因为你们胜了那恶者。

小子们哪，我曾写信给你们，因为你们认识父。

父老啊，我曾写信给你们，因为你们认识那从起初原有的。

少年人哪，我曾写信给你们，

因为你们刚强，神的道常存在你们心里，你们也胜了那恶者。

若拥有神所喜悦、属灵的信心，就能享受作为神儿女的权柄和祝福，得救进天国，一切祷告都得应允。遵行神的话语，完全顺服得神喜悦时，就凡事都能。

"信的人必有神迹随着他们，就是：奉我的名赶鬼，说新方言，手能拿蛇；若喝了什么毒物，也必不受害；手按病人，病人就必好了。"（马可福音十六章17-18节）

芥菜种子能够长成大树

耶稣看见门徒不能医治鬼附的孩子，除了说门徒信心小，还告诉他们：信心即使只有一粒芥菜种般大小，也可以凡事都能。

耶稣对门徒们说："是因你们的信心小。我实在告诉你们，你们若有信心 像一粒芥菜种，就是对这座山说：'你从这边挪到那边'，它也必挪去，并且你们没有一件不能做的事了。"（马太福音十七章20节）

一粒芥菜种，就像圆珠笔尖一样小。连这么小的信心，都能把这座山挪到那边去，还有什么难成的事呢？

当了解其属灵的含义，才能理解这个比喻。

在马太福音十三章31至32节中耶稣比喻说："天国好像一粒芥菜种，有人拿去种在田里。这原是百种里最小的，等到长起来，却比各样的菜都大，且成了树，天上的飞鸟来宿在它的枝上。"

耶稣以芥菜种作比喻：小的信心若长大，就能移山，并凡事都能。

耶稣的门徒跟随祂已有一段时间，又亲眼目睹并经历许多的神迹奇事，照理该凡事都能，却因没有这样的信心，受到耶稣的责备。

芥菜种般的信心要长大

当接待主耶稣，领受了圣灵，拥有属灵的信心，信心就能成长到凡事都能的境界。神希望每个人的信心都能像芥菜种长成大树，无论祈求什么就都能得到。

> "直等到我们众人在真道上同归于一，认识神的儿子，得以长大成人，满有基督长成的身量，使我们不再作小孩子，中了人的诡计和欺骗的法术，被一切异教之风摇动，飘来飘去，就随从各样的异端。惟用爱心说诚实话，凡事长进，连于元首基督。"（以弗所书四章13-15节）

人类肉体生命的历程，自名字登记在户口本上开始，从儿童经过少年的成长过程，逐渐再长成青年人，直到结婚生子，成为父老。属神的儿女也有一条类似的必经之路。

接待主耶稣成为神的儿女，名字被登记在天国的《生命册》上，随着属灵信心的成长，经过小子、孩子、青年人的信心过程，逐渐成长为父老的信心。

"我是用奶喂你们，没有用饭喂你们。那时你们不能吃，就是如今还是不能。你们仍是属肉体的，因为在你们中间有嫉妒、纷争，这岂不是属乎肉体、照着世人的样子行吗？"（哥林多前书三章2-3节）

就像刚出生的婴儿，必须吃奶才能生存，属灵信心的婴儿也得靠吃"灵奶"成长。

要经过什么样的过程，才能成长为父老的信心呢？

1. 罪得赦免的"小子的信心"

约翰一书二章12节说："小子们哪，我写信给你们，因为你们的罪藉着主名得了赦免。"不认识主的人，相信耶稣基督就能罪得赦免，得到神所赐的圣灵，以及作神儿女的权柄（参考约翰福音一章12节）。

我们借耶稣基督的名，罪得赦免得永生。

可是世上多数人把基督教与佛教和儒教等相提并论，认为都是精神修养的宗教。所以，常常质问基督徒说："唯独藉耶稣基督的名才能得救吗，为什么啊？"

使徒行传四章12节："除他以外，别无拯救。因为在天下人间，没有赐下别的名，我们可以靠着得救。"因此，唯有靠基督的名才能得救，唯有靠耶稣基督十字架上流出的宝血，才能罪得赦免，这是神的救赎之道。

使徒行传十章43节："众先知也为他作见证，说：'凡信他的人，必因他的名得蒙赦罪'。"

被称为圣人的孔子、释迦牟尼、苏格拉底等，在神眼中不过是个被造的罪人。因世上所有的人，都继承人类始祖亚当"不顺服"的原罪。

唯独圣灵感孕的耶稣，没有原罪，也没犯任何的自犯罪，所以有代赎罪的能力，而且祂有为罪人牺牲的爱。

因此，只要打开心门，接待耶稣基督为救主，就能罪得赦免，领受所赐的圣灵，得到作神儿女的权柄。

悔改的强盗的信心

耶稣被钉在十字架时，旁边的一名强盗，临死前及时悔改，接待耶稣为救主。

在圣经里，悔改的强盗拥有神儿女的权柄，进入了乐园。刚接待耶稣基督为救主的人，就像刚出生的婴儿一样，神称为"小子们"。

有人认为："强盗临死前悔改接待耶稣为救主，就得到了救赎？那岂不是表示，在世上随心所欲、尽情享乐，只要临死前接待耶稣就可以了？"不，这种想法断不是信心。

这强盗究竟如何接待耶稣为救主，而悔改得救呢？

事实上，这强盗过去必听过耶稣所传的道，心里已承认祂是弥赛亚。因而，见到耶稣时，说出自己的信仰告白，才得救进入乐园。

像这强盗一样，凡接待耶稣为救主的人，就领受圣灵作神的儿女，如刚出生的婴儿登记在户籍上一样。因此，神称他们为"小子们"。

通过户籍上的注册，才能分辨是谁的儿女，承认为国家公民。属灵的生命也是如此，名字若记录在天国的《生命册》上，就是天国的公民，也可得作神儿女的权柄。

因此，"小子们的信心"是指那些刚刚接待主耶稣，罪得赦免，把名字记在《生命册》上的人。

2. 认识父神的"孩子们的信心"

接待主耶稣基督，得了新生命，过信仰生活，逐渐会成长为孩子们的信心。

婴儿到了断奶的时候，就能认出自己的父母，对事物也有基本的认识，然而还需要父母的保护。若问孩子："认得自己的爸爸、妈妈吗？"大多会说："认得。"可是，若再问："你知道爸爸妈妈的故乡吗？"或是："你知道自家的族谱吗？"孩子往往答不上来。孩子们虽然认识父母，却不了解详细的情形，好比给孩子玩具，他们只能分辨"这是布娃娃"、"这是小汽车"等，但不知道制造的厂商或制造过程，更不知道玩具是如何来到自己手中的。

小时候，我常看到母亲在家里烧酒，她把酒曲吊在棚上，烧酒时，取些大米一起烧。我看到之后，以为："这些酒曲用完就再也不能烧酒了。"奇怪的是，总有新的酒曲能够烧酒。原来母亲会做酒曲，酒曲用完后，母亲就会做新的，我却不知道，也没有看见过她做酒曲。

孩子们只明白见过的部分，却不知全貌。同样，在信心成长的过程中，"孩子们"是接待了主耶稣、领受圣灵后，凭信心进入神的恩典中，这就是刚刚认识父神的信心。

因此，约翰一书二章13节说："小子们哪（韩国语为"孩子们"），我曾写信给你们，因为你们认识父。"在这里"认识父"是接待主耶稣后能持续做礼拜、听道、谦卑受教的意思。

就像刚出生的婴儿，长到一定程度，就能认出自己的父母一样，当我们接待了主耶稣后，通过听道、受教的信仰生活，就会逐渐明白神的旨意，了解神的心意。可是信心还小的时候，未必能按着旨意谨守遵行。

因此，孩子们的信心是知道真理，却有能遵守的，也有不能遵守的，因此这是不完全的信心。

称神为父的信心

若有人不相信主，却说认识神，那就是谎话。常有一些人说："我虽不去教会，可是知道神。"

读过一、两遍圣经，或曾去过教会，或听过一些道却一知半解的。这些人真的认识创造主——真神吗？

若真正认识神，就当知道耶稣是神的独生子，也当知道神差遣基督来世上的原因和放置分别善恶树的理由，更应知道有天国、地狱和如何得救去天国的方法。

未信主的人虽说自己认识神，事实上还没有真正认识神。因为不是真正认识耶稣基督，也不遵行神的话语，因此，不能称神为"阿爸父"（参考约翰福音八章19节）。

信心不同，对神的称呼也不同

根据信仰状况，称呼神也不同，不信主的人，不会说"我的神、我的父"。

那么刚信主，成为神儿女的人是如何呢？就像刚出生的婴儿无法叫"阿爸"一样，初到教会的人难以启齿称神为"父"，而依然称"神"。

因他们长久以来并未把神当作父亲侍奉，所以感到生疏，也难以启齿称神为父。这需要成长的过程，就像孩子很自然地叫"阿爸"一样，成长到孩子们的信心的阶段时，圣徒自然地会称神为"父"。

随着信心的成长，曾经称"天父"的，渐渐地会叫出"阿爸父，父神"了，甚至祷告时直接说"亲爱的阿爸父"。比较一下"神"和"阿爸父"，哪种称呼更亲切呢？若能发自内心自然地叫"亲爱的阿爸父"时，神该有多喜悦呀？

箴言八章17节："爱我的，我也爱他；恳切寻求我的，必寻得见。"根据爱神的程度，得到神的爱，也以恳切寻求的程度，得到应允。

再者，神的儿女，在永恒的天国里要永远侍奉父神。当然现在就要与神建立属灵正确而亲密的"父与子"关系。因此，若想坦然地称神为"父"，就当尽神儿女的本分，完全谨守神的诫命，并有真正爱神的确据。

3. 胜过恶者的"青年人的信心"

就像小孩子成长为青年人一样，属灵的孩子不断成长，借着神的话和祷告，知道什么是罪，也能分辨何为神所喜悦的青年人的信心。

刚强壮胆的青年人信心

小孩子不懂国家的法律，在父母的保护下成长，就算犯罪，责任也在父母身上。因为孩子还在学习的阶段，无法确切地明白什么是罪、什么是义，也难以理解父母的心。青年人就不一样了，青年人在肉体上是精力旺盛、容易冲动犯错的年龄，好奇心重、企图心强、自信心强。所以，到了属灵的青年人，就会有刚强的信心。

因心中有神的真理，遇任何试探不屈不挠，战胜一切世俗和撒但魔鬼的计谋，过得胜的生活。

要想制伏和辖制恶者

那么，刚强壮胆的青年人的信心，是用什么战胜世俗和仇敌魔鬼呢？

接待耶稣基督，得到成为神儿女的权柄，在真理中战胜一切恶者，尽管仇敌魔鬼也有些能力，但对神的儿女是起不了作用的。所以，约翰一书二章13节说："少年人哪（原希腊文是'青年人'），我写信给你们，因为你们战胜了那恶者。"如果人不懂法律，就无法遵守法律。同样地，唯有在真理中才能战胜恶者，因此，神的道要常常存在心里，要谨守神的话语。因此，要把神的话语当作粮食，并遵行神的旨意，努力除掉一切罪恶，活在真理之中。

因此，能以神的话语战胜世界的阶段是"青年人的信心"。约翰一书二章14节说："少年人哪，我曾写信给你们，因为你们刚强，神的道常存在你们心里，你们也胜了那恶者。"

4. 认识起初原有的"父老的信心"

过了青年时期，进入父老的阶段，因经历人生各样的历练，对许多问题能全面性的思考，并做出正确的分析和判断，也有了谦卑的智慧。

在属灵里达到"父老的信心"的人，能正确地认识从起初原有的神，也能理解神深奥的旨意。

结出果子的信心

在肉体上，青年时期和父老时期有着很大的区别。青年时期，虽通过所听和所学掌握了一些知识，但缺乏实际的经验和体会。可是，到了父老时期，因人生的阅历增长，对各种事物有大致上的理解和判断。

俗话说："养儿方知父母恩"，作了父母就更能深入地认识父母的付出，也懂得感恩父母过往的培养。同样，在属灵里，拥有父老信心的，才能够完全明白和了解阿爸父神的心意。正如约翰一书二章14节所说："父老啊，我曾经写信给你们，因为你们认识那从起初原有的。"

拥有父老的信心，因能内心谦卑并作众人的表率，所以凡事都能包容，不偏离左右，坚定不移地活在真理之中。以庄稼来比喻，父老的信心好比硕果累累的时期。青年时期的信心虽结了果子，但因有时动用自己的主观意念，故未能长成饱满的子粒。父老的信心，就像主耶稣亲自为门徒们洗脚，作服侍的榜样，以行为结出饱满丰硕的果子，用所结的果子荣耀父神。因此，若至今仍极力坚持自己的主张和计划，不听从他人意见的，就该知道，信心还是停留在青年时期。虽结了果子，然而果子尚未成熟。

当拥有耶稣基督的心

神盼望自己的儿女们都能以耶稣基督的心为心，认识那从起初原有的神和本有神的形像，却以奴仆的形像降卑自己，至死顺服的耶稣基督（参考腓立比书二章5-8节）。

因此，神允许试炼临到祂所爱的儿女，通过试炼生出忍耐和盼望，叫我们的信心得以成长，叫我们通过种种的试炼，成长为完全的父老信心。

耶稣用仆人的比喻教导门徒。仆人在田间辛苦了一天，回到家里的时候，没有人对他说："快来坐下吃饭。"反而说："你给我预备晚饭。"并且要等主人吃完、喝完了才可以吃。再说，仆人照主人的吩咐去做，主人也没有向仆人致谢的道理（参考路加福音十七章）。

我们也是，做完了神吩咐的一切工作后，只当说："我们是无用的仆人，所做的本是我们应当做的。"（10节）成为完全谦卑顺服的人。

因此，要成就至高至深的父老的信心，想成为"认识起初原有的"人，就当虚己，至死顺服主。因此，不仅能得神的称赞和认可，在天国将得到如日般光辉灿烂的荣耀。

亲爱的读者:

    我们就如种下的小小芥菜种子,辛勤耕作长成大树一样,要了解属灵的信心必须经过成长的过程,就是从小子们的信心成为孩子们的信心,继而成长为青年人的信心,直到父老的信心。

    当效法主耶稣,把那些流离、彷徨、失丧的灵魂,带回到生命的真道上,那该是多么蒙福的人生啊!

    因此,奉主的圣名祝福各位,迅速地拥有如主耶稣般的心,不但具备德行与爱心,并结出丰盛的果实,早日长成父老的信心,在美好的天国里享受如烈日般的荣耀。

第三章

神所分赐的
信心大小

第三章

罗马书十二章3节

我凭着所赐我的恩对你们各人说:

不要看自己过于所当看的,

要照着神所分给各人信心的大小,

看得合乎中道。

多种的多收，少种的少收，神是公义的神。因此，马太福音七章7至8节应许："你们祈求，就给你们；寻找，就寻见；叩门，就给你们开门。因为凡祈求的，就得着；寻找的，就寻见；叩门的，就给他开门。"

"凡祈求就能得着"的信心，是属灵的信心。属肉的信心是透过学习和听道，累积知识的信心。而属灵的信心，是唯有神赐予才能拥有的信心。

因此，保罗说："我凭着所赐我的恩对你们各人说：不要看自己过于所当看的，要照着神所分给各人信心的大小，看得合乎中道。"（罗马书十二章3节）根据神所分给各人信心大小的不同，所伴随的应允和祝福也不同。

哥林多前书十五章41节又说："日有日的荣光，月有月的荣光，星有星的荣光，这星和那星的荣光也有分别。"表明按各人信心的大小，将来在天国里，所居住的居所和荣光也不同。

因此，神分给各人信心的大小，要通过如火般试炼的过程，来察验信心的分量。

1. 神所分赐的信心大小

通常分量是指重量、容量、数量的多少或大小。但在得应允的属灵信心上，因人而异有不同的分量和大小的区别。

信心大的人连心中的所思所想都得到应允，有些人则需要禁食或恳切祷告才蒙应允，有的需要几个月甚至数年的时间，才得蒙应允。

若不是神赐予属灵的信心，而是妄凭自己就能拥有属灵的信心，那么这世上没有人得不到祝福和应允，这样岂不是天下大乱！

如果完全不行真理的人，向神祈求要当总统或巨富，或说："主啊，我现在恨恶人，求主咒诅他，我相信祢必定成就。"连这样的祷告都能得应允的话，那么这世界会成什么样呢？

神照遵行真理的程度，赐给属灵的信心

神并不轻易赐予属灵的信心，祂是按人遵行真理的程度，具备合乎资格的时候才赐予。因此要发现自己心中的非真理，如：嫉妒、仇恨、恼怒、纷争、结党、奸淫等，并且要彻底离弃这些非真理，成为连仇敌也能爱的人。这样越拥有属灵的爱，就越能拥有更大的属灵信心。

圣经中，有因信心得耶稣称许蒙应允的人，也有因小信，受耶稣责备的人。

有一个迦南妇人，来到主面前喊着说："主啊，大卫的子孙，可怜我！我女儿被鬼附得甚苦。"这时，耶稣没有回答，为了试验她说："我奉差遣，不过是到以色列家迷失的羊那里去。"这妇人说："主啊，帮助我！"可耶稣回答说："不好拿儿女的饼丢给狗吃。"当时的犹太人，看待外邦人为狗，而这个女人是推罗境内的

外邦人。

　　一般人听到耶稣这样的答复，会产生羞辱感，或因自尊心受伤害而灰心，就放弃祈求。可是，这个妇人并不失望，继续以坚定的信心求主说："主啊，不错，但是狗也吃它主人桌子上掉下来的碎渣儿。"她谦卑到像狗一般低贱的地步，始终以不变的信心祈求耶稣。

　　对如此信心的人，耶稣说："妇人，你的信心是大的！照你所要的，给你成全了吧！"从那时候，她女儿的病就好了（参考马太福音十五章21-28节）。

　　反之，在马太福音十七章14至20节，耶稣责备小信的门徒们。

　　有一个人，把被鬼附害癫痫的儿子，带到耶稣门徒面前，却不得医治。门徒们暗暗地到耶稣跟前说："我们为什么不能赶出那鬼呢？"耶稣回答说："是因你们的信心小。"

　　又在马太福音十四章25节耶稣责备门徒彼得。

　　夜里四更天，门徒们看见耶稣从海面上走来，就惊慌了，便害怕地喊叫起来。耶稣连忙对他们说："你们放心，是我，不要怕！"这时彼得求主说："主，如果是祢，请叫我从水面上走到祢那里去。"耶稣说："你来吧。"彼得就从船上下去在水面上走，要到耶稣那里去，只因见风甚大，就害怕，将要沉下去，便喊着说："主啊，救我！"耶稣赶紧伸手拉住他，说："你这小信的人哪，为什么疑惑呢？"然后一起上了船（参考25-32节）。

　　因小信而受责备的彼得，当他领受圣灵和权柄之后，却行了许多的神迹，成就了极大的信心，甚至为主甘愿倒钉十字架殉道。

可见信心是根据遵行神旨意的程度，得到神不同分量的赐予，进而拥有日益增长的信心。

2. 照着各人信心的大小, 看得合乎中道

圣经对信心的分量，用许多的比喻作说明。

在约翰一书二章中，用人类成长的过程，区分信心的分量；而以西结书四十七章3至5节，则以测量涨起的水势，比喻信心的分量。

> "他手拿准绳往东出去的时候，量了一千肘，使我趟过水，水到踝子骨；他又量了一千肘，使我趟过水，水就到膝；再量了一千肘，使我趟过水，水便到腰；又量了一千肘，水便成了河，使我不能趟过，因为水势涨起，成为可凫的水，不可趟的河。"

以西结书是旧约圣经中五卷预言书中的一卷，记载南国犹大被巴比伦灭亡后，百姓们被擒到巴比伦过奴役生活时，神透过以西结先知所发的预言之书。

以西结书四十章以下记载着，以西结先知异象中看到一座城（圣殿），看到殿的门槛下有水往东流出，这水从槛下，由殿的右边，在祭坛的南边往下流，又从北门向朝东的外门流出去的情景。

在此，水是指"神的道"（参考约翰福音四章14节）。水在殿里流了一圈，又向外门流出的意思是：神真理的道不仅传扬在圣所之中，也要向圣所外的世界广大宣扬的意思。

"他手里拿准绳往东出去的时候，量了一千肘"，表示将来在白色大宝座审判时，主将测量每一个人的信心，照着信心将有公正审判的意思。

而"手里拿准绳的人"是指主的使者，用这准绳分毫不差地测量各人信心的分量。

因此，主的使者每当量一千肘的时候，水就从脚踝到膝，再到腰，甚至水势涨起，成为可洑的水，皆比喻说明信心的分量。

随着水位升高的信心分量

水到踝子骨是指小子们的信心，是仅能得救的信心。就是把信心的分量，用人的个子比喻时，仅仅到踝子骨的位置。水到膝部是指孩子们的信心，水到腰部是指青年人的信心，最后水势涨起成为可浮游的状态是指父老的信心。在审判时，根据遵行神旨意的程度，决定各人信心的大小，也将决定在永远天国里的不同居所。

"量一千肘"的意思是指神的无限宽容和分毫不差的正确性。也就是指神在测量各人信心大小时，非看单方面，而是全方位的察看测量后，综合评量出结果的意思。不但是各人的一言一行，就是内心深处也将详细察考，叫人无可推诿地准确审判。

神是鉴察一切，叫多种的多收，少种的少收，照各人所行的报应各人。

要照信心的大小，看得合乎中道

若有人到了海边，当水位在脚踝骨上与水位到达腰部的高度，其行动的方法是不同的。

水位到脚踝的时候，绝大部分的人不会选择游泳，而是选择走或跑的方法。可是当水到了腰部以上时，自然会想游泳。

随着水位的升高，意念也不同，在灵里仅拥有小子们信心的和父老信心的，其意念必然是不同的，乃照信心的大小，看得合乎中道。

亚伯拉罕因着信，从神那里得到后裔以撒。可是有一天，神突然吩咐，把百岁所得的爱子以撒，作为燔祭献给神，这时亚伯拉罕的想法会是什么呢？

他是否怀疑过神："为什么神应许给我的后裔，又要把他作为燔祭献给神呢？难道神是不守约的神吗？"如希伯来书十一章记载，亚伯拉罕相信神能叫人从死里复活。他没有动用属肉的意念和想法，只是照神所给的信心分量顺服神。

亚伯拉罕毫无怨言，也没有不满，只是卑微的顺服。因此，他得到神的信赖和肯定，成为信心之父。

唯有胜过这如火般的试炼，信心才能受肯定，也才能蒙祝福。照信心的分量看自己合乎中道，顺利通过如火般试炼时，才能得着神无限的爱与惊人的祝福。

3. 随着各人工程根基的信心分量

神在哥林多前书三章12至15节说："若有人用金、银、宝石、草木、禾秸在这根基上建造，各人的工程必然显露，因为那日子要将它表明出来，有火发现，这火要试验各人的工程怎样。人在那根基上所建造的工程若存得住，他就要得赏赐；人的工程若被烧了，他就要受亏损，自己却要得救。虽然得救，乃像从火里经过的一样。"

根基是指耶稣基督，工程是指努力建立的热诚。无论是谁，若信耶稣基督，其工程必然会显露，到时神必明察各人的工程。

显露各人工程的时期

那么，神在什么时候察验各人的工程呢？

先是评定完成所担负使命的时候察验，若神托付的使命是一年的期限，那每年的年底就是显露各人工程的时候。再者，当遇到火的试炼时，就会显露各人的工程。

在如火般的试炼中，有以坚定的信心欢喜得胜的，也有无法得胜的。神喜悦无论在何种试验或环境都能得胜且有信心之人，神肯定并祝福他们。

当知道，主再次降临后，在神的白色大宝座审判台前，将显露各人工程的事实。神准确地测定每一个人在世时，尽忠和圣洁的程度，并根据各人信心的大小，而赏赐不同的天国居所和冠冕。

因此，显露各人工程的时候，大致可分成三方面。并进一步察验，遇到如火般试炼时显露的工程。

透过如火般的试炼可显露的工程

哥林多前书三章12至13节说："若有人用金、银、宝石、草木、禾秸在这根基上建造，各人的工程必然显露，因为那日子要将它表明出来，有火发现，这火要试验各人的工程怎样。"

因此，通过如火般的试炼，可以正确地区分精金般的信心、银子般的信心、宝石般的信心、草木般的信心，禾秸般的信心。

有金、银、宝石、草木般信心之人是都能得救赎的。但禾秸信心之人，没有生命，其所拥有的不过是死的信心，故不能得救。

唯有金、银、宝石是不会被火烧毁的，有这信心的才能够胜过如火般的试炼。

金、银、宝石、草木、禾秸的属灵含义

自古以来金子是最贵重的金属，其质软、延展性强、化学性质稳定，通常用来制造货币、工艺品、装饰品等。最重要的是不与任何物质起化学反应，即使时间再久，仍保持美丽和耀眼的光彩、有永不变质的特性。因此，金子的使用范围极其广泛，可以打造成各样的形状，是任何金属都无法媲美的。

除了金子以外，银子亦为质软、延展性强、化学性质稳定的贵重金属，通常也用来制造货币、工艺品、装饰品等。虽比宝石坚

硬，却比不上金子，比重和光彩也不及金子。但像钻石、蓝宝石、红宝石等，尽管有夺目的光彩，仍远不及金、银的使用范围，若出现斑痕或破碎时，就会降低其价值或变成分文不值。

因此，神用火一般的试炼，察验每个人的使用范围和价值，区分为金、银、宝石、草木、禾秸等，其中最被看中的是如精金般的信心。

当拥有使徒保罗一样精金般的信心

在不同信心的人中，有精金般信心的，可以胜过如火般试炼的；也有许多达不到这信心的。可其中拥有银子般信心的，虽比不上精金般的信心，却强过在烈火中破碎的宝石般的信心。

再者，也有工程被火烧掉草木般信心的，虽能得救，但没有工程，所以无法得赏赐。

神喜悦那不怕火炼的，不被动摇的，拥有精金般信心的人，所以，不仅在这世上，在永远的天国，也将赐予极大的祝福。

向外邦人传福音的使徒保罗，自从遇见主后，无论遇到多么艰难的试探、环境，仍然不改变，传扬天国的福音，走完信心的路程。

"约在半夜，保罗和西拉祷告 唱诗赞美神，众囚犯也侧耳而听。"（使徒行传十六章25节）

使徒保罗和西拉因传福音的缘故挨打，被囚在监狱中，但他们没有埋怨神，反而祷告唱诗赞美神。如此，使徒保罗从遇见主后，至死没有否认过耶稣基督，也没有叫屈喊冤；而是在天国的盼望中常常喜乐，凡事谢恩，不顾惜自己的性命，至死完成了所担负的使命。

若能拥有如使徒保罗一样精金般的信心，工程就不能被火烧毁。因此，在天国能如日光般的明亮耀眼，也能蒙神极大的爱。

若拥有草木般的信心

银子般的信心，虽不及精金般的信心，但也能发挥出银子的价值。那么，宝石般信心的人们是怎样呢？

宝石般信心的，当圣灵充满或疾病得医治时，才能决心"为主献上忠心"和"努力传福音"。或祷告得应允时，才会告白："要为主而活。"

表面上，与精金般的信心没差别，但实际还未能拥有精金般的信心。所以，当试探和患难临到时，马上变质。如此，宝石般的信心，在圣灵充满时，好像有极大的信心，可是当遇到难以胜过的环境时，就软弱、破碎。可见，宝石般的信心不过是能绽放出短暂之美丽的信心。就像宝石在火炼中也能某种程度上保存其形状一样，宝石之信心是在如火般的试炼中能存留住工程。

草木般的信心是经不起火的试验，工程被烧得无影无踪。

因此，哥林多前书三章14至15节说："人在那根基上所建造的工程若存得住，他就要得赏赐；人的工程若被烧了，他就要受亏损，自己却要得救。虽然得救，乃像从火里经过的一样。"

金、银、宝石般的信心，在火一般的试炼中，能够存得住工程，所以，不仅能得救，也能得到赏赐。草木般的信心，因为工程被火烧掉，所以仅能得救，却得不到赏赐。

亲爱的读者:

　　神喜悦我们拥有精金般的信心，并乐意赏赐寻求祂的人。因此希伯来书十一章6节说："人非有信，就不能得神的喜悦；因为到神面前来的人，必须信有神，且信他赏赐那寻求他的人。"

　　经过火一般的试炼，信心得到肯定，而拥有精金般信心的，不仅在这世上，在天国里也将得到不同的居所和冠冕，因此，为了得到精金般的信心，当更加奋发努力。

● ● ●

为得救赎的信心

第四章

使徒行传二章38-39节

彼得说："你们各人要悔改，奉耶稣基督的名受洗，

叫你们的罪得赦，就必领受所赐的圣灵；

因为这应许是给你们和你们的儿女，

并一切在远方的人，就是主——我们神所召来的。"

在神所分给各人信心的大小中，每个人有不同的分量和成长的过程。

这属灵信心的分量，分别以金、银、宝石、草木、禾秸作比喻，分成五个阶段详细说明。如爬楼梯一样，从第一阶上到第二阶，不断地往上爬，信心也要如此依序成长。

天国是凭信心进入的，既盼望天国，就当努力，从信心的第一阶段开始努力，直到拥有精金般的信心，恢复神的形像，并效法主耶稣，这时，不仅可得到神的肯定和爱，也能进入神宝座所在的圣城新耶路撒冷。

因此，在具体察验信心分量时，先要鉴定自己目前的信心阶段，进而更加努力拥有完全的信心。

1. 仅能得救的第一阶段信心

在接待主耶稣前，我们是魔鬼的儿女，生活在罪恶中，只能走向地狱。因此，约翰一书三章8节说："犯罪的是属魔鬼，因为魔鬼从起初就犯罪。"

即使在人的眼中看为善的，若用神完全的真理之光对照，显露隐藏的邪恶，我们才发现自己仍活在黑暗之中。认识神之前，我自认为是个善良的人。当接待主耶稣后，神的话光照我，才发现过去的所作所为、所思所想、所看所听的，大都不合乎神的真理。

约伯记一章8节，神说约伯是"地上再没有人像他完全正直，敬畏神，远离恶事"的人。但在神允许撒但试炼他的时候，约伯记二十三章2节，约伯发怨言说："如今我的哀告还算为悖逆；我的责罚比我的唉哼还重。"约伯记二十七章2节说："神夺去我的理，全能者使我心中愁苦"。连得着神称许的约伯也会在生命危急时，露出内心的邪恶，有谁敢说自己在神面前没有罪呢？更何况一切属血气的、争吵、偷盗，连心中的忌恨、嫉妒等，在神面前也都是罪。

因此，约翰一书一章8节："我们若说自己无罪，便是自欺，真理不在我们心里了。"

认罪接待主耶稣

慈爱的神，差遣独生子耶稣来到世上，亲身担当了人类的罪，被钉在十字架上，流尽宝血。承受人类一切的咒诅，被钉死在十字架上，被葬后第三天，打破死亡的权势，从死里复活。复活四十天后，在门徒面前升天，并应许再来接我们（参考使徒行传一章）。

因此，相信这救赎之道，从心里相信耶稣是我们的救主的人，就能领受圣灵，得到作神儿女的权柄。约翰福音一章12节："凡接待他的，就是信他名的人，他就赐他们权柄，作神的儿女。"

得作神儿女权柄的信心

就像家庭中刚出生的孩子，需要登录在"户口簿"上一样，我们成了神的儿女，名字也会记录在天国的《生命册》上，成为天上的国民。所以，仅能得救的第一阶段信心是接待耶稣基督，罪得救免，成为神的儿女（参考约翰一书二章12节），得以称神为父（加拉太书四章6节），虽然还不知道神真理的话语，却因领受圣灵而欢喜快乐，但凭世上的万物也能感觉到神的永能。

这样的信心叫"得救的信心"或"领受圣灵的信心"。这种信心是属于"小子们"的信心或"草木"的信心。

2. 信的时候领受圣灵没有？

使徒行传十九章1至2节，保罗竭力传福音给外邦人，在以弗所遇到了几个门徒，就问："你们信的时候受了圣灵没有？"这时，他们回答说："没有，也未曾听见有圣灵赐下来。"因为他们只受了约翰所行悔改的洗，并没有从心里相信主耶稣基督，所以没有领受圣灵。

神应许，在末世的时候，神要将祂的灵浇灌凡有血气的（参考约珥书二章28节；使徒行传二章17节），如今确实是照神的应许逐步成就着，就是领受圣灵的人们聚集成了教会。但直到如今，还不知道圣灵，也不明白何为受圣灵洗的人还有很多。

圣灵是神赐给那些凡接待主耶稣的人，作神儿女的凭据，是神赏赐的礼物。可是，连圣灵都不认识，怎能说是神的儿女呢？

因此，哥林多后书一章21至22节说："那在基督里坚固我们和你们，并且膏我们的就是神。他又用印印了我们，并赐圣灵在我们心里作凭据。"

如何领受神所赐的圣灵

使徒行传二章38至39节说明接待圣灵的具体方法。"彼得说：'你们各人要悔改，奉耶稣基督的名受洗，叫你们的罪得赦，就必领受所赐的圣灵；因为这应许是给你们和你们的儿女，并一切在远方的人，就是主——我们神所召来的。'"

无论是谁，若承认自己的罪，以谦卑的心悔改，并心里相信主耶稣为救主的，都能罪得赦免，领受神所赐的圣灵。使徒行传十章，当彼得到外邦人哥尼流家传耶稣基督的时候，圣灵就降在一切听道的人身上，并能说出方言。在此阶段的信心，虽接待主耶稣领受圣灵，但还未脱离罪恶，也未完成所担负的使命，更未荣耀神，因此仅能得救。

3. 被钉在十字架上悔改的强盗的信心

当耶稣被钉十字架时，有两个强盗，一个在左、一个在右，同时也被钉在十字架上（参考路加福音二十三章33节）。那同钉的两个强盗中，有一个人讥诮耶稣，但另一个强盗却责备讥诮耶稣的强盗，并认罪悔改，接待耶稣为救主。这时，耶稣对他说："我实在告诉你：今日你要同我在乐园里了。"（43节）就是告诉他已得救了。

"乐园"在天国的边陲地带，是勉强得救第一阶段信心之人的居所，没有任何奖赏。

这个强盗在临死前，只是承认自己的罪，接待耶稣为救主，因而罪得赦免。但他在世上并没有为主做过什么，因此只能进入乐园。

凡接待耶稣基督、领受圣灵后，只拥有芥菜种的信心，没有继续成长的人，只能永远生活在没有任何奖赏的乐园。即使有长时间的信仰生活，也担任过教会的执事、长老等职分，但若在如火般的试炼中，像草木一样存不住工程时，亦属于这个阶段的信心，就只能勉强得救。

因此领受圣灵后，还要努力听道和行道，不住地祷告。否则，若没有遵行神的旨意，仍继续犯罪，就连名字也要从《生命册》上被涂抹掉，而不能得救。

4. 不要消灭圣灵的感动

且看某一名长老的实例：这位长老侍奉教会数年，在人看虽然忠心，但在如火般的试炼时，一切的工程却被烧毁。当他得了重病，到说话都极其困难的地步，前来请求祷告，我为他向神做祈求得救——而非祈求得医治——的祷告。当时，他的灵魂正被天国的天使和地狱的恶灵拉扯，受极大的恐惧和痛苦。

我马上祷告将恶灵赶走，把这灵魂交托给神。这时，灵魂立刻得到平安，流下痛悔的泪水。临终前，他认罪并悔改才勉强得救。这是为什么呢？

他曾因疾病接受祷告，恢复了健康；妻子也在死亡的边缘，接受祷告，经历重生的恩典；原来家庭不合，来到教会，听生命的道，变成和睦的家庭。从此，努力地过信仰生活，逐渐成长为主的工人，担负使命，也忠心地服侍。可是，当教会遇到极大的试炼时，他并未顾念教会和牧者，反而给撒但留地步，这时他所吐出去的每一句话，在神面前都成了罪墙。因此，得不到神的保守和看顾，最后得了重病。

凡是非真理就不该听，也不该看。但他却不断地听诽谤的话，并传扬出去。为此，曾建造的工程被彻底毁灭，也得不到祷告的能力，信心也瓦解了，最后落到连得救都难的地步，但神顾念垂听我的祷告，他才勉强地在天国和地狱的岔口上得到救赎。

可见重要的并非信仰年日的长短，也非职位的高低，而是内心是否合乎神的心意。

尽管领受圣灵，也努力去教会，若始终不行在神的旨意中，而继续犯罪，圣灵的感动也会逐渐被消灭（参考帖撒罗尼迦前书五章19节），如果就连芥菜种般的信心也失去了，就无法得救。

希伯来书十章38节："只是义人必因信得生，他若退后，我心里就不喜欢他。"

已经成长的信心又退后，这是多么可惜？因此，要常常警醒，不叫我们遇见试探，更不要有信仰退步的事。

5. 被逐出伊甸园的亚当是否能得救?

摘吃善恶果后的亚当和夏娃是否能得救呢?

创造天地万物的神是照着自己的形像,创造有灵的活人亚当,又在东方的伊甸另设了一个园子,把亚当安置在那里。伊甸园是极其美丽、富饶的地方,亚当在那里过着非常富足的生活,神又赐给他管理万物的权柄和永生的祝福。神还为他造一个叫夏娃的女人作配偶,并祝福他们生养众多,遍满地面。

然而神有一个禁令,耶和华神吩咐亚当说:"只是分别善恶树上的果子,你不可吃,因为你吃的日子必定死!"(创世记二章17节)这表示神的主权,并神与人之间所建立的秩序。

度过漫长的岁月后,亚当和夏娃受蛇的引诱,摘吃神禁止的分别善恶果。从此,灵死去,成了属肉体的人,且被逐出伊甸园,来到这世上,开始经历眼泪、悲伤、疾病、痛苦、死亡等。按神的话语"必定死",因而招来死亡。亚当、夏娃虽犯下悖逆之罪,但与现今充满罪恶的世代相比,他们的良心还算是洁净和善良的。

亚当犯罪后,开始过着汗流满面才得糊口的日子,夏娃也加增了怀胎的苦楚,还承受了骨肉相残的痛苦。

经历过这一连串痛苦的亚当和夏娃,终于渐渐明白,伊甸园中的自由与富饶是何等珍贵。因而更加怀念曾经在神的怀抱中,得到神的爱和保护的时光。

他们终于领悟:伊甸园中的幸福是神的爱与恩典,并彻底地悔改。

就算是杀人犯，若真心认罪悔改时，神都愿意赦免，何况是神亲自创造和长久养育的亚当，神垂听他们的悔改祷告，并使他们得救。但也仅能得救，最终居住在乐园。

曾得神极大的恩典与爱，却辜负神的爱，这并不是一件小事，不但深深地伤了父神的心，且因他们的不顺服，使无数的灵魂挣扎在死亡与罪恶痛苦的深渊之中，且延续着痛苦与死亡。

因此，亚当、夏娃只能勉强得救。

亲爱的读者:

一个人出生后，若始终长不大是一件多么悲哀的事！而孩子能不断地茁壮成长，父母何等欣慰啊！

同样，领受圣灵后，拥有芥菜种般的信心，只要努力听道，学习神的真理，信心就可日益增长；进而做到凡事祈求就能得着，且把一切荣耀归于神，成为努力进入天国的蒙福之人。

信心的大小

第五章

努力遵行神
话语的信心

第五章

罗马书七章21-25节

我觉得有个律，就是我愿意为善的时候，便有恶与我同在。

因为按着我里面的意思，我是喜欢神的律;

但我觉得肢体中另有个律和我心中的律交战，

把我掳去叫我附从那肢体中犯罪的律。

我真是苦啊! 谁能救我脱离这取死的身体呢?

感谢神! 靠着我们的主耶稣基督就能脱离了。

这样看来，我以内心顺服神的律，我肉体却顺服罪的律了。

人 接待耶稣之初，领受圣灵，内心充满喜乐。然后逐渐认识神，知道有天国，圣灵会帮助、提醒，使圣徒认识真理且行出真理。圣徒违背真理时，圣灵会叹息，因此会感到痛苦且有罪恶感。

得救的信心长成时，就能拥有竭力遵行神话语的信心，达到这信心的人是如何过信仰生活的呢？

1. 努力遵行神话语的第二阶段信心

接待耶稣基督，是得救第一阶段的信心，这时圣徒如同婴儿光着身子也不知害羞一样。

可是，透过神的道，逐渐感到其中的生命不同，会积极想改变。看到被圣灵充满祷告或尽忠侍奉主的同工时，会心生羡慕，心想："什么时候我也能有这样的生命呢？"

过去追求世俗的脚步，现在转向教会，认真接受神的话语。过去喜欢与世俗的朋友交际，现在却喜欢与主内的弟兄姊妹分享神的真理。从前体贴肉体，现在追求属灵，迈入另一阶段。因此，进入为遵行神话语而努力的信心第二阶段时，自然会渴慕聆听神的话语，透过见证分享，学会作神儿女的规矩，并知道守安息日和遵守十分之一奉献的重要性。

懂得常常喜乐，不住地祷告，凡事谢恩和爱人如己，甚至要爱仇敌的真理，也知道禁戒不做的事，心中常常默想和定意："我要如此遵行神的旨意。"

2. 信仰生活中最艰难的阶段

但这阶段的圣徒也体会到知易行难，以及对信仰生活的无力感。因未完全得到遵行话语的能力，无法凭信心得胜，常有后悔来到教会的念头。

虽欲努力守安息日，有时却被杂务缠身而作罢；极力想遵守十分之一奉献，却不能顺服；不想憎恨，却发现无力抵挡憎恨；看见有吸引力的异性时，心中仍会产生淫念（马太福音五章28节）。

虽未完全得到遵行神话语的能力，却努力想顺从，因此常为了除掉论断、嫉妒、纷争、恼怒、奸淫等非真理的罪恶而刻苦己心。

不能遵行神话语的阶段

使徒保罗说："我觉得有个律，就是我愿意为善的时候，便有恶与我同在。因为按着我里面的意思，我是喜欢神的律；但我觉得肢体中另有个律和我心中的律交战，把我掳去叫我附从那肢体中犯罪的律。"（罗马书七章21-23节）

透过听道，明白神的旨意，却无法按神的旨意生活的圣徒，牧者和同工必须运用智慧来开导他们。若是以责备的口气要求有烟瘾、酒瘾的"必须马上戒掉烟酒，否则会得神的惩罚"等言语，只会产生反效果，甚至让他们逐渐远离神而离开教会。因此，要有智慧地劝勉和引导。

劝慰不是使对方带着沉重的罪恶感，恐惧地来到神面前，而是让他们感受到神的爱，并用喜乐和感恩的心来到神面前，求神断开捆绑。

若有人只参加上午的礼拜，下午去做生意，该怎样引导呢？要劝勉他说："神非常喜悦圣徒守完整的安息日，若遵行并凭信心祷告时，神必赐下满溢的祝福。"这绝非信心不成长的意思。

若婴儿出生后不能成长，就会成为畸形儿，只有死路一条。若信心无法成长，甚至会退步而导致无法得救，多么可惜啊！

因此，启示录三章15至16节说："我知道你的行为，你也不冷也不热，我巴不得你或冷或热。你既如温水，也不冷也不热，所以我必从我口中把你吐出去。"这说明不冷不热如温水的信仰，是不能得救的。

若是冷的信仰生活，还有机会受神的管教而悔改过来，可是继续不冷不热的人，是很难发现而改变自己的。

3. 出埃及的以色列百姓的信心

不能遵行神旨意的人，遇到艰难的环境时，心中并没有喜乐和感恩，而是充满埋怨和不平。慈爱的神，却以恒久的忍耐，继续引导他门向真理前行。

以色列百姓在埃及过了四百多年为奴的生活，在摩西的领导下出埃及，进入迦南的旷野途中，亲身体验过许多的神迹奇事——目睹埃及所受的十灾，神使红海分开的大能；到玛拉时，也尝到苦水变的甜水；在汛的旷野中，神用吗哪和鹌鹑喂养他们等等恩典。

当他们遇到艰难困苦时，却不是凭信心祷告，总是不平、埋怨。尽管如此，神仍然与他们同在并引导他们。

遇到艰难时的不平和埋怨

以色列百姓在进入迦南途中，每遇到困苦时，就埋怨神，原因乃是他们心中早已感到疲累、艰难。

若拥有真正的信心，就算处在旷野中，心却早已到迦南美地，因此以色列百姓也显露出信心的难题。同样的环境，有人感到艰难，有人却感到轻松，更有按着神的旨意，常常喜乐、凡事谢恩而幸福度日的。

那如何才能消除不满的心，过凡事谢恩的信仰生活呢？如：在经济上有困难时，若有人提供解决之道，多数人肯定会奋不顾身地去行，同样，若有天国的盼望和不变的信心，即使遇到再艰苦的环境，也会以喜乐和感恩的心努力往前行。

遵行神的话语，并不艰难

因此，能遵行神话语的信仰不会感到艰难，而是欢喜快乐。真正的艰难是不能遵行神的话语，偏离真道。

信心的大小

在农村用牛耕地时，常看见农夫们用鞭子抽打耕地的牛。牛若照主人的指挥，就不会被抽打，主人也不会用绳子穿透鼻子的方式管束它们。

在信仰生活中常偏离左右的，就像不顺从主人的牛一样，让主人操心。因此，有时会受主人责打或被穿鼻子受苦。可是，能完全顺服神旨意的，则能过轻松、平安、喜乐的信仰生活。

要成为神真正的儿女，必然要离弃神所命令该离弃的，若是不愿意离弃，难免感到痛苦和艰难。

马太福音七章13至14节说："你们要进窄门。因为引到灭亡，那门是宽的，路是大的，进去的人也多；引到永生，那门是窄的，路是小的，找着的人也少。"

对刚开始信仰生活的人来说，遵行神的话语，就像进入窄门一样艰难，可是当拥有真正的信心和天国盼望时，就会知道唯有这窄门才是通往天国的道路，反而会感到幸福喜乐。

4. 明知神的旨意却不顺服

"要常常喜乐，不住地祷告，凡事谢恩，因为这是神在基督耶稣里向你们所定的旨意。"（帖撒罗尼迦前书五章16-18节）。

话虽如此，我们还是要省察：是否遇到不顺心的事，喜乐就不见了？有人让我难堪，立刻脸色大变？经济上有困难，是否也能谢恩，还是满心忧虑？

若不能常常喜乐，不住地祷告，凡事谢恩，这都是还未彻底除掉内心的罪性与未遵行神旨意的明证。

圣灵的声音与引导

尽管知道真理，却不能遵行，如此与神之间就有了罪墙。不仅听不到圣灵的声音，也得不到圣灵的引导。纵然是初信者，若是努力遵行神的旨意，也能听到圣灵的声音，得到圣灵的引导。就像年幼的孩子顺服父母，不需任何的顾虑一样，就算是极小的信心，也能讨神喜悦，神也会亲自引导。

在信仰过程中，随着信心和所担负的使命加增，必要谨守遵行神的诫命。若只想过像婴儿般的信仰生活时，与神之间立罪墙，就要被神管教了。

如此的信仰将使祷告得不到应允，亦难结出美好的果子，因远离神的看顾和保守，容易落入各种试探和患难，困在忧虑中过艰苦的信仰生活。

祷告无法得应允和保守

明知是罪，却仍活在罪中，怎能在神面前站立得住呢？仇敌撒但是专门诱惑人走向世俗之路的。

曾认识一位长老，时刻想着"如何才能帮助牧者"等，并做了许多工，然而他只在肉体上付出，内心未受割礼，因此无法结出好果子。他因着私欲和人意，不走正道，做过遮挡神荣耀的事，在日常言语上也缺乏真实，时常动怒与人冲突，违背神的旨意，因金钱的问题，以及与周围人关系复杂，若任其发展，会使得他连过去所积攒的奖赏都丧失了。慈爱的神知道这一切，在最恰当的时候，接走了这个灵魂。

因此，在神面前重要的不是所担当的职分，而是要遵守诫命、除掉心中的罪恶，行内心的割礼，成就圣洁。

5. 吃灵奶与吃灵粮的圣徒

第一阶段的信心，自己犯罪也感觉不到心里苦闷，亦无法感受到圣灵的叹息。因为不知真理与非真理，也不知过犯是什么。这阶段的人就算犯罪，也不会受到大的责罚。如同不懂事的婴儿爬行打破水杯，不会受到责打，反而要归咎于大人没有好好看顾。

但是成长为第二阶段的信心时，犯罪就能感受到圣灵的责备。因尚未达到能完全遵行的信心阶段，所以，把第一、第二阶段的信心，称为吃灵奶的信仰阶段。

"吃灵奶"的圣徒

保罗写信给哥林多教会："弟兄们，我从前对你们说话，不能把你们当作属灵的，只得把你们当作属肉体、在基督里为婴孩的。我是用奶喂你们，没有用饭喂你们。那时你们不能吃，就是如今还是不能。你们仍是属肉体的，因为在你们中间有嫉妒、纷争，这岂不是属乎肉体、照着世人的样子行吗？"（哥林多前书三章1-3节）

接受耶稣基督，名字被登记在天国的《生命册》上，得神儿女的权柄，却还未完全恢复神的形像，所以在基督里称为婴孩。

因此，对信心第一、二阶段的，就像给孩子吃奶一样，要细心多加关怀并劝勉引导，此称之为"吃灵奶"的圣徒。逐步成长为能领会并遵行的阶段时，则称为"吃灵粮"的圣徒。还处在信心的第一、二阶段"吃灵奶"的圣徒们，当以成为"吃灵粮"的信仰而努力。但也不能揠苗助长，该吃奶却强行喂饭，就会消化不良。

因此，对待信心小的丈夫、妻子、儿女时，当站在对方的立场理解，并运用智慧引导，而非用谴责，必须逐步培育。对不遵守安息日和完整十分之一奉献的第一、二阶段信心的人，神以对方的立场来理解和关爱，不会施以重罚。

努力成为"吃灵粮"的圣徒

除了要分辨自己信心的分量，也要分辨他人信心的分量，但绝不可让自己的信心原地踏步。

神为了使人能进入信心的第三阶段，允许相应的试炼临到，神乃根据能胜过的试炼阶段，把相对的祝福倾倒下来。信心应进入第三阶段的，却还停留在一、二阶段时，神并非为了祝福而允许试验，乃是为了管教。

信心的大小

在茁壮成长中的年龄，除了吃饭，还需要吸取其它更多的营养，若只喝奶不吃饭，有可能因营养不良导致生病或死亡。因此，父母会用各种方法，使孩子营养均衡，健康地成长。

同样的，明知真道而不去行，就是走向灭亡之路。神赐下独生子，是为了得到真正的儿女，所以予以管教并允许撒但的控告。

就如希伯来书十二章6至7节说："因为主所爱的，他必管教，又鞭打凡所收纳的儿子。你们所忍受的，是神管教你们，待你们如同待儿子。焉有儿子不被父亲管教的呢？"因此，神的儿女，若犯了罪却不受管教，这表示与神的爱是有落差的。若不是主所收纳的儿子，就会走向地狱，这是很可悲的结局。

神的儿女，受管教时不可灰心，要知道这是主爱我们的证据，因此要彻底悔改。万一犯罪，未受管教，也不要灰心，不要认为"我被神抛弃了"，反而更要恳切祷告，彻底悔改，直到罪得赦免为止。

不要只用嘴悔改，而是由内心彻底痛悔，才能罪得赦免。痛悔，非出于自己，必须恳切祈求神赐予悔改的恩典。真正悔改时，自然会眼泪鼻涕横流，做撕心裂肺的忏悔。当拆毁了与神之间的罪墙时，会感受到圣灵充满，有特别轻松与喜悦的感觉，并且恢复与神之间的爱。

该是信心的第三阶段，若行信心第二阶段的行为时，则无法拥有解决各样问题的信心；因信心不够，疾病无法得医治，结果只能用世俗的方法。若能彻底悔改，曾是第三阶段信心的，就能再次得力。

若能懂得这真理，就不会满足于现状。好像小学、中学毕业的想继续进修、提升教育程度一样，为能拥有更完全的信心，就需要不停止地努力。

亲爱的读者:

　　信心的第二阶段是芥菜种般的信心，刚发芽的阶段。因此，当圣灵充满时，可以很快地茁壮成长，若再积极参与各种礼拜，装备神的话语，并恒切祷告，必然能成长为遵守神诫命的信心。
　　请注意，千万不要将神的道看作一般的知识，而要为了能遵守神的话，必须与罪恶相争，直到拥有完全的信心为止。

信心的大小

● ● ●

能遵行神
话语的信心

第六章

马太福音七节24-25节

{

所以，凡听见我这话就去行的，

好比一个聪明人，把房子盖在磐石上。

雨淋、水冲、风吹、撞着那房子，

房子总不倒塌，因为根基立在磐石上。

信心有大小，神乃按着个人的信仰生命加添信心。信心第一阶段，是领受圣灵，名字被记在天国的《生命册》上，与神成为父子关系。信心第二阶段，是圣灵充满渴望聆听神的话语，知易行难，这是一段倍受煎熬的过渡时期。

那如何才能使信心成长，而拥有第三阶段的信心呢？

1. 能遵行神话语的第三阶段信心

明知神的旨意，却无法行出，随着信心的成长，深刻领悟神的心意，就能逐渐行在神的话语中，因此，这阶段的信心，叫作"遵行神话语的信心"或"能够领悟的信心"。知道与领悟是不同的层次。只因是神的旨意而义务性地顺服，与真正明白要遵行的理由而衷心地顺服，这两者之间有极大的差别。

领悟神的心意而顺服

守完整的主日和完全的十分之一奉献，是神带应许的诫命，若能遵行，就会得到看顾和保守，不叫我们遇见试探，让我们远离疾病，并赐我们灵魂兴盛、凡事兴盛的祝福。

若单凭头脑知道是很难行出来的，从努力想遵行，直到心里完全相信，这期间往往因环境而变化，有时能，有时不能。

某一时刻领悟神的话语，而拥有真正的信心，无论遇到多么艰难和困苦的环境，也不与非真理妥协，就可坚守完整的主日，并遵守完整的十分之一奉献。

顺服是相信的确据，也必蒙祝福

遵守诚命，纪念主日守为圣日，是承认神灵界的主权。因此，若纪念主日，守为圣日时，神就看顾保守这一周免遭各种灾难和事故，并常常引导灵魂得以兴盛。

遵守十分之一奉献是承认神在物质上的主权，就是承认天地万物都归神所有。

神是天地万物的创造主，一切生命都是由祂而来。能承担辛劳和付出努力也都是神赐予的，就是一切都归神所有。所以，一切收入也是归神所有，神许可只要献上十分之一，其它的可以随己意使用。

玛拉基书三章8至9节说："人岂可夺取神之物呢？你们竟夺取我的供物。你们却说：'我们在何事上夺取你的供物呢？'就是你们在当纳的十分之一和当献的供物上。因你们通国的人都夺取我的供物，咒诅就临到你们身上。"因此，夺取神之物是极大的罪，会受到咒诅。相反，若顺服神的旨意，纳完整的十分之一奉献时，就能在神的保守中体验到上尖下流满溢的祝福。

衷心领悟才能顺服

若未能从心里领悟神的话语，也就只是一般知识而已，纵然想遵行，也无法完全做到。

信心的大小

因此，须更加努力于信心成长的训练。如刚出生的婴儿，需要细心的关怀、喂养和适当的活动，又需要透过父母、兄弟、姐妹的教导，看、听、学。如此不断地累积知识，增长智慧，才能健康地茁壮成长。

同样，在信仰生活中，不能只听道，而要努力地领会其中的含义，就是不住地祷告祈求，努力行出真理，自然而然就能领悟神的话语，并且能遵守。

神透过帖撒罗尼迦前书五章16至18节说："要常常喜乐，不住地祷告，凡事谢恩，因为这是神在基督耶稣里向你们所定的旨意。"

在信心第二阶段的人，因知道是神的旨意，所以勉强地祷告和谢恩，但这都是形式而已，碰到困难就显露真面目。但达到信心第三阶段的人，若拥有磐石般的信心，就能谨守遵行。因已领会"要常常喜乐，不住地祷告，凡事谢恩"的含义，因此，无论任何条件和环境，也都能发自内心地喜乐、感恩和祷告。

那么，常常喜乐真正的含义是什么呢？若只能在欢喜快乐的条件和环境下喜乐，当遇上患难、忧伤时就不能喜乐，这与世人有何分别呢？

因为世人只在喜乐的条件和环境下才喜乐。可是忧愁、悲伤、痛苦时，就很难摆脱自我的禁锢。

相信永生和盼望天国的圣徒，相信创造天地万物和掌管人类历史的全能者是我们的阿爸父，有什么可忧愁悲伤的呢？

能遵行神话语的信心

达到能够遵行神话语的信心阶段

若真正领悟神的话语，就能在困境中喜乐、祷告、谢恩。如此，仇敌撒但只能退却，试探和患难就必远离，又因神同在，问题都能迎刃而解。

患难时表现出忧愁悲伤，勉强喜乐，就证明还处在第二阶段的信心。若能由内心深处领悟神的话语，就可常常喜乐，凡事谢恩，这就已进入信心的第三阶段。

耶稣来到世上只行善和行义，没有任何过犯，却被罪人钉在十字架上，遭受苦难、藐视、戏弄和辱骂。但祂没有怨恨，反为之祷告，求父赦免他们的罪，甚至献出自己的生命。

进入第三阶段的信心也会有类似的成熟度。过去若他人得称赞就心生嫉妒，现在反为他高兴；过去听道时按意念分析和论断，现在则是省察自己。为了拥有属灵的爱，努力谦卑尊重对方，甚至连仇敌也能爱，将神的话语用行为表现出来，这就是信心的第三阶段。

按信心的行为而赐福

我曾经是个体弱多病、面临死亡的人，七年受尽疾病的折磨，人们戏称我是"疾病综合商店"。为了要得到医治，寻访各地名医，吃遍各种药材，但病情却未见好转，反而日益加重，最后在神的恩典和能力下，完全得到医治。

经过那次切身地体会，心中再没有任何疑惑，只要是神的话语就无条件地顺服。能到教会祷告敬拜神，心中就无限地感恩。有一天，神用声音呼召我作神的仆人，直到今日全然献身于教牧事工。

活在世上，难免会遇到忧愁、悲伤、挫折，何况要带领教会十万多名圣徒，要处理的问题更是堆积如山。但为了完成神所托付的使命，必须培训、引导神的仆人和同工们，又要成就世界宣教，引领更多的灵魂归主。

虽然仇敌撒但用尽各种阴谋和诡计想破坏神的国，若单因为这些排山倒海的困境，或许早已放弃。但我明白神的心意：神使万事互相效力，叫爱祂的人得益处，末后的祝福必大过先前。

2. 第三阶段信心的初期和信心的磐石

我们的信心若是没有盼望，忧愁烦恼就会如影随行，让我们心灵损伤枯干，这是百害而无一利的。因此，若能领悟"常常喜乐，不住地祷告，凡事谢恩"真正的含义，就能发自内心真正地感恩。

这是讨神喜悦的方法，是爱神的表现，是得应允的秘诀，是解决问题的钥匙，是击退撒但蒙福的关键。

比如：家庭中最常见的婆媳问题，明知应该和睦相处，却互相猜忌埋怨，互揭疮疤，把整个家庭搞得乌烟瘴气。

反之，若能自我反省，互相理解、宽容、关爱、称赞对方的优点，如此婆媳的关系只会越来越亲密，家庭必定和睦，这正是蒙神所爱的道路。

第三阶段信心的初期

因心中有许多的"非真理"，以致知道真理却行不出来，与圣灵相争，不愿顺服圣灵。因此，就得与罪恶相争，直到流血的地步（参考希伯来书十二章4节），这正是信心第三阶段的初期。

如何与罪恶相争呢？马可福音九章29节耶稣教导说："非用祷告，这一类的鬼总不能出来。"如此说来，要想除掉罪恶，必须要努力恒切地祷告，甚至禁食祷告。得到从神而来的恩典与能力，才能够战胜罪恶，行在神的旨意当中。

因此，达到信心第三阶段时，就能顺从圣经六十六卷话语，需要离弃的就能努力离弃，需要遵行的就能努力去行。

凡遵守完整的主日和十分之一奉献的，就是达到信心的第三阶段吗？并非如此，因有些人是担心神的仆人或弟兄姊妹对自己有不好的印象，或惧怕遇到试探和患难才勉强去行。

用心灵和诚实敬拜神的，聆听神话语时好像比蜜还要甘甜。但勉强来教会的，虽身在教会，却心不在焉，只是义务性地来聚会，不觉得神话语的甘甜，甚至觉得时间太长。

神是鉴察内心的。身在教会，心却在世俗，如何能得神的喜悦呢？形式上守了主日，守了十分之一奉献，然而这样的信心还是处于第二阶段。

同一阶段的信心，也有不同的信心分量。把各阶段的信心以100等份进行测试，同一个阶段的信心有10%、20%、50%等不同的比例；若是100%达到标准，就能进入更高阶段的信心。

比如：把信心的第二阶段分成100等份，越接近100%，就越接近信心的第三阶段；若100%达到第三阶段的信心时，就能进入信心的第四阶段。因此，必须时刻察验自己信心阶段中所占的百分比。

超过百分之六十的磐石信心

信心的第三阶段中超过60%时，是达到信心的磐石阶段，如经上所说："所以，凡听见我这话就去行的，好比一个聪明人，把房子盖在磐石上。雨淋，水冲，风吹，撞着那房子，房子总不倒塌。"（马太福音七章24-25节）

"磐石"是指耶稣基督（参考哥林多前书十章4节）。信心的磐石是指根基立在磐石上，就是立在真理——耶稣基督之上。

信心进入这阶段，遇到再大的试探和患难也不会偏离左右，能够坚定不移地行在神的真道上，撒但难以迷惑，能过得胜和荣耀归主的信仰生活。

纵使心爱的子女生命垂危之际，因拥有真正的信心，反会相信神有美意。自己遭逢残疾，也不会埋怨神没有看顾和保守，反而感谢神保守剩余的肢体和生命。

单凭罪得赦免，就已感激不尽。况且身体的残疾，到了天国就完全恢复正常，因此怎会有不平和怨言呢？神既允许这事发生，就有祂要完成之工，顺服旨意，必蒙祝福。

信心的磐石阶段

第三阶段信心的初期，虽有心遵行话语，但还未达到完全顺服真理，所以，时而能喜乐地顺服，时而只能勉强地顺服。

例如神要我们爱仇敌，甚至要努力服侍对方。表面上虽做了，但不是发自内心，所以还不能说是完全。可是在信心磐石阶段的人，体贴圣灵，不给魔鬼留地步，行在神的能力当中，因此有不惧怕的心。

就像少年大卫站在巨人歌利亚面前一样，可以刚强壮胆地说："争战的胜败全在乎耶和华，他必将你们交在我们手里。"结果，神照着大卫的信心使他得胜。有这种信心，就不再惧怕任何试探和患难。

凡敬畏神，爱神，常与神交通的，必蒙神爱，无论遇到什么问题，只要凭信心祈求，就能得到应允。反之，不努力祈求，只静静等待，就像在柿子树下等柿子掉进嘴里的一样。因此，平时就要常常祷告，建立良好的信仰生活习惯。

领受圣灵到磐石阶段信心的过程

从一名普通的拳击选手到成为世界级拳王，中间需要恒久忍耐和很多血汗的付出，还须战胜自我。开始接受训练时，始终是挨打的份，经过一段时间的操练，或许还可还击几拳。等技术和能力提升后，终于扭转局势，击败对手，建立自信。

学习英语也一样，有兴趣、充满自信的学生是以期待的心情上课。可是没有兴趣、缺乏自信的学生，不但心生畏惧，还会如坐针毡。

与仇敌魔鬼的争战也是同样的道理。在信心的第二阶段时，随从圣灵的心与随从情欲的心彼此相争。若凭着信心不住地祷告，努力遵行神旨意时，神就赐予恩典与能力，加上圣灵作我们随时的帮助，叫随从圣灵的心逐渐刚强起来，向第三阶段勇往前进。

当进入了信心的第三阶段时，因属情欲的心已减弱，信仰生活也跟着轻松起来。若真正顺从神的旨意，不住地祷告，一旦感受到祷告的乐趣，从祷告十分钟，逐渐祷告二十分……一小时……不断增加时间，且能轻松地跪着祷告。

初信时，动用所有的想像力，也难祷告十分钟，因此羡慕能长时间祷告的人。但只要有心，神就会赐下恩典与能力，便可以做长时间的祷告了。

如此，借着不住地祷告来加增自己的信心，深入到信心的第三阶段时，无论遇到任何试探患难，也能坚定地站立在真理上。

深入信心第三阶段时

信心建立在磐石之上的，因蒙神的喜爱，所以凡祈求就能得着。又因谨守遵行圣经六十六卷的话语，能聆听圣灵的声音，也能遵行神的旨意。

因此，当清楚地认识，无论自己是长老、牧师，还是主的工人，若还听不到圣灵的声音，就表示还没有进入信心的磐石阶段。

当然并非只有磐石阶段的信心，才能得听圣灵的声音。即使是初信者，若能遵行神的旨意，也能听到圣灵的声音，如此努力顺从的，不需要很长时间，就能进入信心的磐石阶段。

我接待主耶稣后，历经三年的努力，才能清晰地听到圣灵的声音。当然，如果不断地装备真理，也许仅一、两年的时间，或能听清圣灵的声音和带领。可是有些人，信主很久，因不顺从神的话语，只按自己的意念行事，故无法听圣灵的声音和带领。

有人说："过去我非常有信心，也努力过信仰生活，但自从与某人冲突，不再充满信心地生活之后，信心就变小了。"这人非因信心好才有好的信仰生活。若真正信心好，就不会与人冲突了，更不会停止信仰生活。只是理论上知道而已，这是没有行为的信心，是死的信心。

再说，看别人脸色、形式上的祷告，或有人无故诽谤和议论，就憎恨对方，就表示离磐石阶段的信心还有段距离。在二十四年的牧会期间，也曾发生过叫人难以容忍的事件。也有过按人看来是无法理解的主的仆人或羊，但我从未怨恨过，只是盼望着他们将来更新和变化的样子，只看他们的优点，不计算他们的过，反而感到可爱。

如此，深入到信心的第三阶段，不仅能完全顺服，也能享受真理的自由。无论在任何情况，都能常常欢喜快乐，谢恩和祷告，不偏离左右，把根基牢牢地建立在基督耶稣上。

3. 与罪恶相争，直到流血地步

信心的第三阶段的人随从圣灵、遵行神的旨意，而常常得胜。第三阶段是已经离弃行为所犯的罪，所以信仰生活比较轻松，但进入这个阶段，为了除掉意念中的罪，须与罪争战到流血的地步。

如此，把信心的根基建立在磐石之上，继续深入信心的第三阶段时，因攻破了意念中的罪，不再有罪恶的意念，只有顺服真理，在真理中享受自由。

信心若想持续成长，就必战胜罪恶

若真正爱神，从信心的第二阶段进入第三阶段并非难事，也不需要很长的时间。若只积极去教会听道，而不努力行道，仍只停留在信心的第二阶段。

只有播种才会使种子发芽成长，再好的种子若不播种，长久储藏着，其中的生命也难以存活。同样，听道后要行道，灵命才能长进。

播种后是很容易发芽的，但遇狂风暴雨或被人践踏就会死掉，因此，信心第三阶段以上的人，要保护并引导刚长出的秧苗，帮助信心第一、二阶段的人得以茁壮成长。当信心达到第三阶段以后，再大的狂风暴雨也奈何不了。或许会枝断叶落，但绝不会连根拔起。因为信心的根基牢固，在试探和患难面前看似倒下，但很快又长出新枝绿叶。

见证器皿的凭据

从信心第三阶段进入第四阶段，需要相当的时间和努力。如同树木成长、开花、结果，又成为鸟的栖息处，是段很长的岁月。

若想遵行神的旨意，首先要领悟圣经六十六卷中的话语，要完全领悟父神的心意，并非一朝一夕可成。

好比优秀的学生，也不能马上直升大学，或毕业步入社会，必须依据个人实力，按部就班。因所预备的器皿不同，信心也因人而异，以不同的时间带领进入第四阶段。

心胸狭窄——器皿小的，尽管领悟一些真理，也有天国的盼望和信心，但是不能付出更大的努力。心胸宽广——拥有大器皿的，只要下定决心，必定会不断努力成就。

因此，若想早日从第三阶段进入第四阶段信心，不但要倍加努力，更要不惜与罪恶相争，到流血的地步。

不可忽略所应担负的使命

请注意不要成为与罪恶相争，而没担负好使命的愚拙之人。

记得有一位劝事，她是本教会创建（一九八二年）以来的资深同工。起初，她和她的丈夫都得重病，为此来到教会，接受祷告得医治后，恢复健康，努力地过信仰生活。但她未能担当好"劝事"的职分。

虽然在教会将近十五年的信仰生活，听了无数真理的话语，但未能与罪恶相争到流血地步，因此心中尚存着许多非真理的意念。她的言行仅止于第二阶段的信心。

还好在离世前不久，有所领悟，发福音报纸传扬福音，竭力讨神喜悦。我曾经三次为她祷告，在短时间内，她便快速地进入信心的第三阶段。所以，盼望各位不但要与罪恶相争，还要担负好使命，才能尽快达到更高阶段的信心。

亲爱的读者:

靠自己的努力去战胜罪恶并非易事，若能得到从上头而来的恩典与能力，离弃罪恶绝非难成的事。只要努力遵行神的旨意，担负好使命，就能得到恩典与能力。

第七章

●●● ─────────────────────

极其爱主的信心

第七章

约翰福音十四章21节

{
有了我的命令又遵守的，

这人就是爱我的；

爱我的必蒙我父爱他，

我也要爱他，并且要向他显现。

如同爬山，为登上山顶，上了第一层就要继续攀登第二、三、四层，信心也是如此加增至完全的分量为止，必须不断地努力向上。

帖撒罗尼迦前书五章16至18节："要常常喜乐，不住地祷告，凡事谢恩，因为这是神在基督耶稣里向你们所定的旨意。"每个圣徒，都按信心的成长，各有不同的行为表现。

深入信心的第四阶段时，无论面临任何情况和环境，都能喜乐和谢恩，也常谦虚地省察自我"是否犯错"或有什么破口？

因此，达到极其爱主第四阶段的信心，就得享万事亨通、蒙祝福的人生。

1. 极其爱主的第四阶段信心

当然，信心的第二、三阶段也可以说"爱主，爱神"，然而信心第四阶段的"爱主"有更深的含义。一般爱主和极其爱主的心有很大的区别。

神说："爱我的，我也爱他；恳切寻求我的，必寻得见。"（箴言八章17节）这乃是说：凡极其爱主的，无论祈求什么，都必能得着。

极其爱主的深度

极其爱主的那些信心伟人，尽管无辜地受害，却能由衷充满喜乐和感谢。

先知但以理明知因恶人的诡计，必因祷告被扔进狮子坑中受害，可是他凭信心双膝跪在神面前，感恩祷告。为此，神差遣使者封住狮子的口，叫狮子不能伤害但以理。于是，他极大地荣耀了神（参考但以理书六章10-27节）。

再说但以理的三个朋友，因为没有跪拜在金像面前，要被扔进烈火的窑中，在这危机时刻，他们没有向国王求饶，反而对国王说："即便如此，我们所侍奉的神，能将我们从烈火的窑中救出来。王啊，他也必救我们脱离你的手；即或不然，王啊，你当知道我们绝不侍奉你的神，也不敬拜你所立的金像！"（但以理书三章17-18节）

他们至死坚信凡事都能的神，就算神不把他们从烈火的窑中救出来，他们也为自己侍奉的神，做了甘心的奉献，向王表明了自己坚定的信心。

他们在自己该做的事情上，不求回报，更没有埋怨神。在自己没有错误的情况下，做该做的事，却遭遇了这么大的试炼，没有埋怨神或感到艰难，就算真的烧死在火窑中，他们将去的是天国，可以在主怀中永远享受神的爱，怎能不喜乐、感恩呢？

神照着他们信心的告白，从烈火的窑中救出他们，并且保守他们没有受伤，连头发也没有烧焦。用这惊人的事实，他们不仅大大地荣耀了神，也得了高升。

使徒保罗和西拉因传福音，挨打并被下在监里。但是，他们没有埋怨神，反而祷告唱诗赞美神。这时，忽然地大震动，甚至监

牢的地基都摇动，监门和锁链也被打开了。（参考使徒行传十六章19-26节）

信心达到磐石以上阶段的，无论遇任何的试探和患难，因懂神的心意，而能由心中流露出喜乐和感谢。若是受冤屈，也必定有美意，正因明白这个道理，心中不能不喜乐和谢恩。

以色列伟大的王——大卫，因儿子押沙龙的阴谋反叛，被迫离开王宫逃亡。在逃亡的生涯中，常常挨饿，也没有休息之地，不仅如此，还受百姓示每的咒骂并以石头攻击。这时，大卫的部下要去割下示每的头，大卫却阻止说："这一切是耶和华许可的。"

再说，大卫遭受磨练时，没有埋怨过神，始终是爱着神，从没有改变对神的信心和敬畏。在恶劣的环境中，他写出如诗篇二十三篇的赞美诗歌来。

因大卫坚信"万事互相效力，叫爱神的人得益处"的真理，用喜乐和泪水向神献上感恩的祷告。

因此，磨练结束后，他成了更蒙神爱的王，也成了受多国进贡的富强之国。神看重他的信心，叫爱神的人得益处。

深切爱主就应喜乐遵守诫命

热恋中的男女，愿意为对方摘下天上的星星。只要对方有什么需要，不惜牺牲一切去完成。就算是在寒冷的夜晚，彼此依偎亦觉无比温暖，互诉钟情到委身相许。若爱主的心到这般境界，可说是信心的第四阶段。

那么，如何表现对主的深切之爱，并测量爱主的心呢？耶稣说："有了我的命令又遵守的，这人就是爱我的；爱我的必蒙我父爱他，我也要爱他，并且要向他显现。"（约翰福音十四章21节）

也就是说：爱主的确据是遵守祂的诫命，爱主的，不仅蒙父神的爱，也可与主同行，并且主应许我们，必向我们显现。相反，不遵守诫命是不爱主的明证，因此，得不到父神的爱和承认，更不能享受蒙福的人生。

若真正爱主的，必然遵守祂的诫命，也必用心灵和诚实敬拜神，绝不会做礼拜时打盹儿或想其它的事情。若与恋人在一起，心里却想着另一个人，怎么能说是真正爱对方呢？同样，若我们真正爱神，聆听神的话语，做礼拜时怎会打盹儿或感到厌烦呢？

"我们遵守神的诫命，这就是爱他了，并且他的诫命不是难守的。"（约翰一书五章3节）如此说来，真正爱神的，必然遵守神的诫命，并不会感到为难。因为爱主就能满心欢喜地遵守一切的诫命。

就像为心爱的人，不惜一切甚至牺牲自己的性命，也满足对方的心愿一样，达到信心第四阶段，就能深切地爱主。

不受恶者的伤害，祈求必能得着

"但要凡事察验，善美的要持守，各样的恶事要禁戒不做。"（帖撒罗尼迦前书五章21-22节）因此，凡是深切爱主的是完全顺服真理，成就圣洁的人。

如此，与罪恶相争，抵挡到流血的地步，并能各样的恶事都禁戒不做时，主将如何地向我们显现呢？

神对圣洁儿女的应许，首先在约翰一书五章18节："凡从神生的，必不犯罪，从神生的，必保守自己，那恶者也就无法害他。"

当我们领受圣灵，与罪恶相争，不再犯罪时，就是从神生的，是属灵的人。在这里得着应许：从神生的，主必保守他们，恶者就无法害他。

又在约翰一书三章21至22节："亲爱的弟兄啊，我们的心若不责备我们，就可以向神坦然无惧了。并且我们一切所求的，就从他得着，因为我们遵守他的命令，行他所喜悦的事。"

我们若能遵守神的诫命，各样的恶事禁戒不做，行祂所喜悦的事，我们的心就不会受责备，因而一切所求的就必得着。

民数记二十三章19节："神非人，必不致说谎；也非人子，必不致后悔。他说话岂不照着行呢？他发言岂不要成就呢？"因此，无论是谁，只要深切地爱主、成就圣洁，无论祈求什么就必能得着。

我刚信主就非常珍惜每一次做礼拜的时间。因此，礼拜结束时，总有难舍之感，总觉得不够，总想得到更多的启示和恩典，并竭尽所能地努力遵行所领悟的真理，因此，能迅速地达到完全的信心阶段。

现在为了更爱神，更讨神喜悦，尽心、尽性、尽意、尽力地爱神，甚至不惜自己的生命，完全献给主。同时，也教导家属和儿女们，也当尽全力地奉献给主。

极其爱主的信心

2. 灵魂兴盛、蒙祝福的阶段

信心的第四阶段是极其爱主的阶段，满怀想讨神喜悦的心情，时刻由内心发出信心的告白，并且能够行出来。神在约翰三书一章2节说："亲爱的兄弟啊，我愿你凡事兴盛、身体健壮，正如你的灵魂兴盛一样。"那么，怎样才是灵魂兴盛？又将蒙什么祝福呢？

何谓"灵魂兴盛"？

人类是从神那里得到生命的气息，成了有灵的活人。人类是由与神交通的"灵"与受灵支配的"魂"和灵魂的帐幕"体"组成的永生之人（参考创世记二章7节；帖撒罗尼迦前书五章23节）。

因此，灵魂兴盛的，就像起初在伊甸园中的亚当一样，常常与神交通，完全顺服神的旨意，能够治理并征服万物，并能得永生。

可是，因为亚当的不顺服，失去了这一切的祝福，耶和华吩咐亚当说："园中各样树上的果子，你可以随意吃，只是分别善恶树上的果子，你不可吃，因你吃的日子必定死。"（创世记二章16-17节）亚当没有顺服，摘吃了善恶果，为此，与神交通的灵死掉，被逐出伊甸园。

这里的"灵死了"，并不是灵被彻底消灭，而是失去能力的意思。灵主管支配魂和体，可是当灵失去能力后，本该受灵支配的魂就作了主人。

魂是指人类脑细胞的记忆装置，以及思想、意念的总称。变成属魂的人就不再信靠神，只靠人的知识和理论。因此，仇敌撒但通过人的魂（意念）作工辖制人，不断地灌输不义和罪恶，叫人越来越邪恶，社会越来越混乱，叫罪恶更加猖獗。

犯罪前的亚当是万物之灵长，常常与神交通，是灵魂兴盛的人。可是因为不顺服，使得黑暗进入，掌管黑暗势力的撒但慢慢地支配他的心。

因此，凡是亚当的后裔，都成了只有魂和体的兽一样，活在欺骗、嫉妒、仇恨、纷争、淫乱、杀人等罪恶之中（参考传道书三章18节）。

慈爱的神，借着耶稣基督开启救赎的道路，凡接待主耶稣基督的，神就赐下圣灵，使已死的灵活过来。

像起初的亚当一样，属神的灵重新做主，魂受灵的支配，成了灵魂兴盛的人。因此，就能蒙亚当所蒙的祝福。这就是信心的成长过程，也是灵魂兴盛的过程。过了信心的第一阶段，灵越来越旺盛，信心立在磐石之上。再进一步，若能达到深切亲近主和信心的第四阶段，灵成为主人，就是效法主耶稣的圣洁之人。

灵掌管魂，就能得到灵魂兴盛的祝福

如此，死了的灵重新恢复做主，魂成了灵的奴仆，完全顺服于灵，恢复正确的主仆关系，这就是灵魂兴盛的状态。就好比在腓立比书二章5节所说"你们当以基督耶稣的心为心"一样，心逐渐变成以主的心为心。

因此，灵若能掌管魂，再也无法动用自己的思想和意念，100%受圣灵的主管和带领。体贴肉体的意念被彻底攻破，心中只有真理，就能完全顺服。

因此，被圣灵引导，能躲避一切的试探和患难，在任何环境中都能得到保守。避开天灾人祸，得神的保守看顾。神时刻掌管其心思意念，并带领，使脚不致失跌，因此凡事兴盛，身体健壮。

> "你若听从耶和华你神的话，这以下的福必追随你，临到你身上：你在城里必蒙福，在田间也必蒙福；你身所生的，地所产的，牲畜所下的，以及牛犊、羔羊，都必蒙福；你的筐子和你的抟面盆都必蒙福。你出也蒙福，入也蒙福。"（申命记二十八章2节）

所以，灵魂兴盛顺服神话语的，不仅享有天国永生的福乐，就是在世上也必蒙健康、物质、子女等各种的祝福。

凡事兴盛、身体健壮的祝福，就能万事亨通

旧约圣经中，雅各的儿子约瑟被哥哥们卖到埃及作奴隶，还受诬陷被关在监牢。他没有灰心，相信全能神亲自掌管和成就一切，结果，约瑟年纪轻轻就被立为埃及的宰相，在连续七年的灾荒中拯救全家族和埃及全国的百姓，不仅如此，也在埃及奠定了以色列民族的基础。

信心的大小

如今，地球有六十多亿人口，其中有十亿多人是所谓信主的。这些人若都是无瑕疵，完全圣洁的，神该有多么喜悦啊！

神会时常与这样圣洁的子女同行，引导他们走向万事亨通的道路。即使前方有障碍物，神会主管他们的心让他们能避开。有时也感动儿女们献上祷告，这是因为神是公义的神，垂听祷告之后，才能把障碍物挪走。

我曾受邀为"美国L.A.福音化"下面都是"圣会"的讲师，盛会前，神强烈主管我为此次圣会恳切祷告，因此，我上山连续两周祷告准备盛会。

到了美国之后，才明白神感动我恳切祷告的理由。撒但为了阻止我到美国传福音，制造了各种妨碍，使盛会差点泡汤，但神垂听我的祷告，早已彻底粉碎一切的诡计。

所以，当我到美国时，一切都已就绪，因此在神的恩典中成功带领了盛况空前的盛会。在市议会，做了祝福祷告而荣耀了神，并被洛杉矶市政府授予美国荣誉公民的殊荣（韩国人中第一个得到）。

灵魂兴盛的人将一切交托给神，不动用自己的想法、意念和计谋，完全祷告交托给神，神就会完全的掌管和带领，叫万事得亨通。

遇到阻碍，若能相信必有神的美意而喜乐谢恩，神就使万事互相效力，叫爱祂的人得益处。有时因不信靠神，动用自己的意念而遇到难处时，神也会立刻插手帮助。

完全被圣灵掌管的信心第四阶段

信心在磐石阶段时，一切疑惑都消失了，相信主的复活、再临和从无到有的创造，相信祷告得应允及永活神的作工。但还未完全的圣洁，因此，无法100％地被圣灵掌管。难以分辨圣灵的声音和自己的意念，这是体贴肉体的明证。

例如：为了开创事业，在祷告中，真的出现合适的场所和地点，因此，认为是祷告得应允而开创事业，开始似乎一切都顺利，可到后来连续遇到困难时，才意识到当初不是听到圣灵的声音，而是动用自己的想法和意念。

信心在磐石阶段的，知道真理，并能行在其中，因此，在许多事上都得到亨通。但是，因为信心未完全交托仰望，所以，还不算是完全的阶段。

信心在第四阶段的，已超越为行真理而努力的阶段，而是与真理合而为一。内心已成了灵的本身，魂也完全顺服于灵，且能忍耐等候圣灵的带领和引导，因此，在任何事上也不会失误。

创世记十二章，神呼召亚伯拉罕时，他毫不犹豫地遵行神的吩咐，离开本地本族。结果得了"信心之父"、"神的朋友"的祝福。

因此，神掌管和带领的道路是不带忧虑和疑惑的，全知全能的神与我们同在，只信靠跟随祂就能得到万事亨通的祝福。

完全行为的信心第四阶段

第四阶段的信心，并非勉强，也非因那是神的命令而顺服，乃是真正地爱神和发自内心地完全顺服。

如有人欠下一笔巨款，若不立刻还清，将受到法律的制裁，而家里又有个生命垂危的病人，若不马上动手术，则命在旦夕，在身无分文的状况下，必然是焦急万分。

就在此时捡到了一颗巨大的钻石，那将如何处理呢？

把各种不同的行为表现，根据信心的分量做个说明，借此鉴察自己信心的状况。

拥有仅能得救的信心的人，还不太明白真理，所以觉得没人发现，马上把钻石归为己有，解决自己的问题。

想努力遵行的第二阶段信心的人以为"神垂听了我的祷告"，给了这样的应允，一边体贴肉体，一边心有不安，认为这是偷盗的行为，应该还给失主，内心很挣扎，但终究求自己的利益而归为己有。如果没有债务和危急的病患，或许能交给警察局，可现在的处境实在艰难，因此心中的邪恶胜过了真理。

信心的第三阶段和磐石之上的人，随从圣灵，交到警察局归还给失主，可心中还有私欲，感到可惜。其所行的，不能说是完全的行为。

第四阶段信心的人，因为心里根本不容纳非真理，所以恶无隙可乘。因此，发现钻石的瞬间，立刻为失主担心着急，马上表现出完全的行动，交给警察局寻找失主。

真正爱主的人，无论有没有人看见，神的诫命已成生活准则，因此没有必要分辨圣灵的声音和自己的意念。

极其爱主的信心

未进入信心磐石之前，因无法分辨圣灵的声音和自己的意念。当遇到困境，就算达到了信心的磐石阶段，也不能成为完全。可到了信心的第四阶段，就能100%地被圣灵掌管，因此圣灵感动时顺服就可以了。

进入信心的第四阶段，就不再动用人的意念、经验和智慧，凡事主亲自带领，因此，常能得到"耶和华以勒"的祝福和万事亨通的人生。

3. 爱主不求回报的信心

真正爱主是不求任何回报的，热心传福音，忠心侍奉，也不期待任何祝福和益处，只是做了该做的事。服侍邻居也如此，因为爱主、爱灵魂，本是理所当然的。

真正爱子女的父母，会向子女要求回报吗？父母对子女的爱是甘心乐意的，是无私牺牲的爱。而子女也是，若真爱父母，也不求任何的回报。孝敬父母，本是儿女应尽的本分和美德，能如此使父母喜悦时，父母反而愿意给更多、更好的。

若真正爱主的人，因救赎的恩典就足以感恩不尽，觉得无以回报了。因此，极其爱主的，为神的国和神的义不住地祷告，尽忠侍奉，不求任何的回报。

任何情况都不改变的爱心

使徒行传十六章19至26节，保罗和西拉向外邦人传福音，医病赶鬼等，只做善事，却被恶人攻击，剥下衣服，用棍毒打，双脚上了木狗，被囚在监牢之中。

若信心在第一、二阶段的，或许会埋怨神说："神啊，你真的是永远活着行大能的神吗？如果你真是全能的神，为什么不记念我们为你劳苦和遭难，不拯救我们脱离困境呢？"第三阶段的信心，断不会有这样的怨言。或许会献上带点委屈的祷告："主啊，为了传福音，受了如此的羞辱和棍打，求主此刻医治我们的伤痛，拯救我们出狱。"

保罗和西拉，不顾所受的灾祸，反而祷告唱诗赞美神。这时，神彰显做工，忽然叫地大大震动，甚至监牢的地基都摇动，监门和锁链全被打开。为此，狱卒和他们一家都得救了。

如此，第四阶段的信心，在任何试探、患难面前，也能欢喜地祷告赞美神，因此，能够马上彰显神的荣耀。

凡事喜悦顺服的信心

创世记二十二章2节，神吩咐亚伯拉罕，把应许之子以撒作为祭物献上燔祭。燔祭是把作为祭物的牲畜切块，连头和脂油放在柴上焚烧的火祭。

亚伯拉罕顺服神的旨意，为了把以撒献为燔祭，向神指示的摩利亚山走了三日的路程。试想，在这一路上他的心情如何？

极其爱主的信心

全知全能的神，早知道亚伯拉罕必然欢喜顺服，因而试验了亚伯拉罕，神绝不会向不能顺服的人，允许这重大的试验临到。

因此，希伯来书十一章19节说："他以为神还能叫人从死里复活，他也仿佛从死中得回他的儿子来。"因为亚伯拉罕完全相信能叫人从死里复活的神，喜悦地顺服神。

结果，亚伯拉罕因着信，胜过了试探，蒙极大的祝福，不仅成了信心之父、万福的泉源，神还称他为"朋友"。我们知道万事互相效力，叫爱神的人得益处，每当胜过试炼必有祝福降临。怎能不发自内心的喜乐谢恩、祷告赞美神呢？

人非有信，就不能得神的喜悦，只要信是得着的，就必能得着。因此，马太福音八章13节说："照你的信心，给你成全了。"又在二十一章22节："你们祷告，无论求什么，只要信，就必得着。"

如果祷告尚未得到，就要加倍努力，进入凡事喜乐的顺服和爱的信心阶段。

效法主以德行和爱包容的信心

第二阶段的信心，仍无法容忍他人的诽谤和议论，故立即反击。可是彼得前书一章16节说："你们要圣洁，因为我是圣洁的。"因此，断不可有发怒或谩骂等恶行出来。在第三阶段信心，因撒但总通过意念做工，所以心中感到困苦。虽知应该欢喜快乐，但尚缺乏发自内心的喜乐和感恩。

第四阶段信心，已脱离各种罪恶。因此，遭到无辜的诽谤或逼迫，丝毫不会感到委屈和气愤，心中不会动摇。

耶稣传福音时受到逼迫、威胁、羞辱、讥笑，但并不感到痛苦，也没有对门徒抱怨，反而说出盼望和生命的话语。

信心的第四阶段，正因效法主耶稣的心为心，只为罪人而哀痛，绝不会自己感到委屈或痛苦，更不会憎恨他人，反而为对方献上祝福的祷告。用爱和德行包容并饶恕对方。

心中有嫉妒、仇恨、恼怒的，时常活在过犯和痛苦中，但发自内心包容和原谅别人时，常给他人带来平安和喜乐。

4. 放弃所有、尊主为大的信心

以极其爱主的心，完全遵守诫命，灵魂兴盛就能尊主为大。因此，使徒保罗说："只是我先前以为与我有益的，我现在因基督都当作有损的。不但如此，我也将万事当作有损的，因我以认识我主基督耶稣为至宝。我为祂已经丢弃万事，看作粪土，为要得着基督。"（腓立比书三章7-9节）

尊主为大所蒙的福

耶稣透过四福音书告诉我们，像使徒保罗一样，为主丢弃万事，尊主为大，以爱神为生命的第一顺位时，必蒙今世得百倍、来世得永生的祝福。

"我实在告诉你们：人为我和福音撇下房屋，或是弟兄、姐妹、父母、儿女、田地，没有不在今世得百倍的；就是房屋、弟兄、姐妹、母亲、儿女、田地，并且要受逼迫，在来世必得永生。"（马可福音十章29-30节）

撇下亲爱的父母、弟兄、姐妹和儿女、房屋和田地，意思是不盼望世俗，断绝肉体，第一爱神。

当然，要第一爱神，并不是说不要去爱他人。因为经上说：

"人若说'我爱神'，却恨他的弟兄，就是说谎话的；不爱他所看见的弟兄，就不能爱没有看见的神。爱神的，也当爱弟兄，这是我们从神所受的命令。"（约翰一书四章20-21节）

虽然我们肉体是父母所生，但人是精子和卵子结合而生的，这精子和卵子并非父母所造，是创造主创造的。而身躯终究要归为尘土，灵魂却是永生的，目前所能看见的肉体，不过是灵魂居住的帐幕而已。而且，人的真正主人是灵，掌管这灵的正是创造主神。

我因七年的疾病，在死亡的边缘徘徊，是全能的神拯救了我，因此我以爱神为第一要务，神也赏赐我极大的祝福。不仅罪得赦免得永生，而且祝福我灵魂兴盛，凡事兴盛，身体健康，并呼召我作主的仆人，成就世界宣教，赐给权能，并且启示我将要成就的大小奥秘。

信心的大小

祂赐给我许多的主仆和羊群，差派同工来成就祂的旨意，又施恩使我的全家都能第一爱神，时常保守着全家人，自从信主至今家人没有生过一次病，吃过一颗药，在凡事上赐予满溢的祝福。

能够完全拥有属灵的爱

如此，以爱神为第一要务，在凡事上得到引导，不至缺乏，心中充满幸福。因此心中充满了爱。没有邪恶，所以属灵的爱就会不断地涌入心中而爱所有的人。

属灵的爱在哥林多前书十三章4至7节说："爱是恒久忍耐，又有恩慈；爱是不嫉妒，爱是不自夸，不张狂，不做害羞的事，不求自己的益处，不轻易发怒，不计算人的恶，不喜欢不义，只喜欢真理；凡事包容，凡事相信，凡事盼望，凡事忍耐。"

现今社会，处处发生纷争、偷盗、淫乱等事。在家庭中，夫妻、亲子、手足之间也不断地争吵。但若能以爱神为第一要务，就能除掉一切属肉的爱，而拥有属灵的爱。

属肉的爱只求自己的益处，是会变质的爱。属灵的爱是相互谦卑自己，尊重，服侍对方；是只求对方的利益，而不求自己益处的爱，因而才能成为幸福和睦的家庭。

可是，真正爱主、遵守诫命的时候，起初会遭受不信的家人、亲朋好友的逼迫（参考马可福音十章29-30节）。但达到信心第四阶段时，曾经的逼迫变成祝福，曾经逼迫过的人不再逼迫，反而会得到他的尊敬和爱戴。

到了"以爱神为第一要务"的第四阶段信心，即使身处死亡的幽谷，无论在哪里，哪里就是天国，逼迫就是祝福。马太福音五章11至12节说："人若因我辱骂你们，逼迫你们，捏造各样坏话毁谤你们，你们就有福了。应当欢喜快乐，因为你们在天上的赏赐是大的。在你们以前的先知，人也是这样逼迫他们。"

为此，因信主的缘故，遭受逼迫和患难，也要欢喜快乐，因为我们在天上的赏赐是大的，世上的祝福也是三十倍、六十倍、一百倍的。

结出圣灵果子，八福就临到

到了信心的第四阶段，就能结出"圣灵的九种果子"，"八福"也临到身上。

"圣灵所结的果子，就是仁爱、喜乐、和平、忍耐、恩慈、良善、信实、温柔、节制，这样的事没有律法禁止。"（加拉太书五章22-23节）

这是使饥渴的仇人饱足的耶稣之爱；是追求美善、平安的喜乐之心；是与众人和睦、追求圣洁的和睦之心；又是在试探患难中，以坚定的信心常常喜乐、恒久忍耐祷告的心；是容忍一切、理解一切、关爱他人的慈悲之心；是脱离一切的罪恶、不轻视他人、不伤害对方、追求良善之心；是在真理中完全顺服、至死忠心、以主的爱和德行包容一切的温柔之心；一切都将丰盛呈现，却不发生摩擦，是在秩序中协调一切的节制之心。

不仅如此，还能开始蒙马太福音第五章中的八福，是神所赐不朽坏的、不变质的、永远的八福。如此之人，甚至达到连心中所求所想的都蒙应允的第五阶段信心。

亲爱的读者：

　　若想征服一座高山，就要向上攀登。尽管攀登的道路艰难，但努力登上顶峰时，就会有无比的成就感。再说，农夫以汗水的代价换取收割，因而可以在丰收的盼望中辛勤地工作。

　　同样，只要能够遵行真理，必能得神所应许的各种祝福。愿我们努力与罪恶相争，遵守一切诫命，拥有极其爱主蒙福的信心。

第八章

讨神喜悦的信心

第八章

约翰一书三章21-22节

> 亲爱的弟兄啊，我们的心若不责备我们，
>
> 就可以向神坦然无惧了。
>
> 并且我们一切所求的，就从他得着，
>
> 因为我们遵守他的命令，行他所喜悦的事。

子女顺从父母的教导走正路，孝顺父母，为人父母的当然欢喜满足。因此，也会竭尽所能地为儿女预备所需的。

同样地，我们若能讨父神喜悦，无论祈求什么，就能得着，并蒙神极大的爱，使凡事都能成就。

那要什么样的信心才能蒙神喜悦？又如何能拥有这样的信心呢？

1. 讨神喜悦的第五阶段信心

真正爱父母的儿女，在生活上对父母的心意了如指掌，凡事也尽都顺从。对神更要超越这个程度，才能讨神喜悦。

讨神喜悦的爱的层次

透过一些感人的故事，我们看见了爱的光辉，可使父母喜悦，感动天地。

曾有个人，为医治老母亲的疾病寻遍名医，但母亲的病情并没有好转。这时有人对他说："你母亲的病，得喝切断手指流出的血，才能得医治。"听到能医治母亲的方法后，他甚是欢喜，回到家，立刻用刀切断了自己的手指，把血滴进老母亲的口中。就医学理论而言，以如此激烈手法救活母亲是不可能的，但是精诚所至，金石为开，神真赐下了恩典。

还有一对夫妇贫困至极，连给孩子们喝粥都困难，但媳妇为了给婆婆过生日，剪断自己头发卖钱，买食物来庆祝婆婆的生日，这般侍奉长辈的真情，现今的世代已不多，往往只顾疼爱儿女，忘了父母的生养恩情，实在谈不上爱。试问：能至诚地奉养年老父母、为父母牺牲者有多少？在过去的年代里，真正的孝子孝女，已属罕见。而今充满罪恶的世代，更是寥寥无几。

即使父母之爱也不算是完全的爱，当我受疾病折磨、痛不欲生时，我的母亲曾痛哭着说："你干脆死了吧！你死才是对我尽孝……"她实在是不忍心看我继续被疾病折磨。

若拥有讨神喜悦的信心

诗篇三十七篇4节："又要以耶和华为乐，他就将你心里所求的赐给你。"因此，能够讨神喜悦的时候，无论祈求什么都能得着，连心里所想的也会得到。

我开拓教会时，只有韩币七千元（美金七元），但神奇妙地祝福我们能够承租二十五坪（一坪＝3.30378平方米）的房屋。开创教会后，为世界宣教恒切地祷告，神竟赐下惊人的复兴和上尖下流溢满的祝福。

若拥有讨神喜悦的信心时，则凡事亨通。马可福音九章23节，应许我们说："你若能信，在信的人，凡事都能。"申命记二十八章应许爱祂的人：出也蒙福，入也蒙福；必借给许多国民，却不至向他们借贷货；作首不作尾，居上不居下。马可福音十六章说：在信的人，必有神迹跟随。

耶稣应许了超乎想像的祝福：

> "我实实在在地告诉你们：我所作的事，信我的人也要作；
> 并且要作比这更大的事，因为我往父那里去。你们奉我的
> 名无论求什么，我必成就，叫父因儿子得荣耀。"（约翰福
> 音十四章12-13节）

以诺得神喜悦的祝福

圣经中使神喜悦的先知以诺，是如何讨神喜悦的？又蒙了何等
的祝福呢？

> "以诺因着信，被接去，不至于见死，人也找不着他，因为
> 神已经把他接去了。只是他被接去以先，已经得了神喜悦
> 他的明证。人非有信，就不能得神的喜悦；因为到神面前来
> 的人必须信有神，且信他赏赐那寻求他的人。"（希伯来书
> 十一章5-6节）

创世记五章21至24节记载：以诺在六十五岁的时候，成
就圣洁，因此得到神喜悦的明证。他与神同行了三百年，在
三百六十五岁时，蒙福活着被提，居住在宝座的近处。以诺不见
死，活着进入天国。先知以利亚也是如此，有得神喜悦的信心，
见证了永生的神，并以惊人的权柄拯救无数的灵魂。因此，不至

于见死，活着升天。

若真有这样的信心，当然要除掉一切罪恶、成就圣洁，也要为担负使命而不惜牺牲自己的生命。

2. 能够牺牲生命的完全的信心

耶稣说："你要尽心、尽性、尽意爱主你的神。这是诫命中的第一，且是最大的。其次也相仿，就是要爱人如己。这两条诫命是律法和先知一切道理的总纲。"（马太福音二十二章37-40节）

真正遵行神旨意的，必然照耶稣的教导，尽心、尽性、尽意地爱主我们的神，并爱人如己，讨神喜悦。

如此，能讨神喜悦的信心是不惜牺牲自己的生命，完全献给主，这是基督的信心，也是完全属灵的信心。

不惜牺牲生命的基督之信心

耶稣为成就神的旨意，牺牲生命完全顺服，被钉死在十字架上，升天坐在神宝座的右边。这是超越顺服的境界，用生命去爱神，为神完全牺牲的信心。

因此，神说："这是我的爱子，我所喜悦的。"（马太福音三章17节，十七章5节）。"看哪，我的仆人，我所拣选、所亲爱、心里所喜悦的。"（马太福音十二章18节）在基督教历史上，有不少人效法耶稣，为了成就神所喜悦的旨意，献上了生命。

跟随耶稣的彼得、雅各、约翰，还有许多的宣教士，也以自己为祭，成为福音的见证。

彼得被倒钉在十字架上殉道；约翰被扔进烈火烧开的油锅里没死，而被流放到拔摩海岛上。在罗马竞技场里，受迫害的人唱着赞美诗，成了狮子的猎物；也有人藏身在地窖，终日不见光而死去。

他们就像罗马书十四章8节所说的一样："我们若活着，是为主而活；若死了，是为主而死。所以 我们或活或死，总是主的人。"这样坚定的相信，怎会得不到神的喜悦呢？一九九二年，我因夜以继日地工作，劳累过度，终至倒下，当时鲜血由鼻孔不住地喷流，仿佛全身的血流尽，而且昏迷失去意识，情况非常危急。

我知道将要到主怀里，并没想过要去医院，因完全相信生命气息乃在父神手中。当时守着我的家属和同工们，也没有急着把我送医院，只完全交托给神。命在旦夕之际，在异象中，看到我死后，教会和圣徒们的状况，大部分人将陆续离开神，回到世俗，在罪恶中走向灭亡。

这画面让我非常悲痛，无法自享安息，便求主救我。这时脉搏微弱，身体苍白虚脱的我，瞬间奇迹般地坐起来。当我恢复神志时，看到等待送终的主仆、长老和同工们，都惊喜赞叹主的大能。

初代教会因有殉道者牺牲，福音才得以迅速传开，韩国的福音也是血泪交织耕耘而来的。

为神的国和神的义不顾自己性命，才是蒙主悦纳的信心。

只遵行神旨意的属灵信心

> "愿赐平安的神亲自使你们全然成圣。又愿你们的灵与魂与身子得蒙保守，在我们主耶稣基督降临的时候，完全无可指摘。"（帖撒罗尼迦前书五章23节）

当知道什么是罪恶，并不惜与罪恶相争到流血的地步，并各样的恶事禁戒不做，内心圣洁，就能成为属灵之人，并拥有基督耶稣的心。属灵的人，须继续装备真理，不仅是内在，在日常生活中，也当成就完全的真理。

这就是完全属灵的信心，是基督耶稣的信心。"我们心中天良的亏欠已经洒去，身体用清水洗净了，就当存着诚心和充足的信心来到神面前。"（希伯来书十章22节）具有诚心，就能拥有完全的信心。

然而并非拥有主耶稣的心和信心，就能与主一样。真正爱戴敬畏父亲的儿女，为效法父亲努力不懈，最大限度只能效法，却不能和祂一样。

主在马太福音十章24至25节，设立了属灵的秩序。"学生不能高过先生，仆人不能高过主人。学生和先生一样，仆人和主人一样，也就罢了。"

像摩西命红海分开，击打磐石出水，行了许多神迹奇事。那继承摩西的约书亚，也命约旦河水全然断绝，叫坚固的耶利哥城陷落，日头在高天当中停住一日之久。尽管约书亚行出惊人的神迹奇事，却也不能高过与神面对面说话的摩西。

在世上常有学生高过先生的事例，在属灵的世界里却非如此。

属灵的世界是无法用知识或书籍来得到的，若神不启示，就无从得知。因此，学生断不会高过先生的。

圣经中，以利沙虽得了比以利亚加倍的灵感，也行出很多的神迹，却不能高过活着被提的以利亚。如同初代教会担当大使命的提摩太，也不能高过使徒、他的导师保罗。灵的世界是无限的，因此用人的智慧和能力是无法了解和测度的，唯有在神的启示感动和恩典中才能得知。就像在陆地上，无法测出海的深度和窥探海底的世界一样。唯有潜入海底时，才能发现各式各样的鱼和海草；到更深之处，就能发现更多海底的奥秘。

因此，神如此详细地启示信心的分量，并希望更多的人能进到灵的深处，愿共勉，为拥有更大的信心持续努力。

3. 积累无数的祷告，彰显神迹奇事的信心

当有了完全的信心，就能行真理，并恒切地祷告。所以，为了拯救更多失丧的灵魂，就必须恳切祈求得着这能力。在沙漠酷热的阳光下，长达好几个小时，被钉在十字架上流血受难的耶稣，临终前大喊一声"我渴了"的原由，并非因太热或流血过多，而是托付人们寻回祂流血的代价，拯救更多的灵魂，带领到主怀里，这是恳切的呼喊之声。

为拯救灵魂，祈求得权能的阶段

迈入第五阶段信心的，常思考："如何才能拯救更多的灵魂？又当如何成就神的国和神的义？"这火热的心，不仅完成自己所担负的使命，也帮助他人完成使命，而这也是使神喜悦的。

"因为神的国不在乎言语，乃在乎权能。"（哥林多前书四章20节）若没有权能，是不能讨神喜悦的。

拯救灵魂，不在于人的言语、知识、经验和名誉，也不在于人的权力，只在于神所赐的能力。因此，信心的第五阶段，为了引导更多的灵魂归主，更加恳切不住地祷告。

神的国是在乎权能

在牧会过程中，我发现有些神的仆人，不仅心地温柔，也能尽忠职守，却结不出丰盛的果子，原因何在？

因为无法全然交托给全能的主，习惯动用自我的意念和智慧，自己做主，并非尊主为大。尽管得到自己努力的成果，却体验不了超乎人类限度的大能。

若知神的心意，当努力尽忠不住地祷告，打破自我的观念和理论，否则在全能神面前就是傲慢顽梗，神断不会与之同行的。

使徒保罗说："我天天冒死……"为要彻底除掉非真理的想法和理论，为弃绝体贴肉体的事，成为完全属灵之人，保罗做了如火般恳切的祷告。

超越如火般的祷告

祷告是灵魂的呼吸，就像活着的人需要呼吸一般。可是祷告的内容，是随着信心阶段而有所不同的。

在信心的第一、二阶段，重点是为自己祷告，因缺乏祷告的内容，难以祷告十分钟，虽也为神的国和神的义祷告，却非发自内心。但信心到第三阶段时，除了为自己祷告，还为神的国和神的义祷告。

再进一步，到了信心第四阶段，就已脱去肉体的事和情欲的事，所以，只求神的国和神的义，行在神的话语之中，做超越自身和家庭的祷告。因明白想要拯救更多失丧的灵魂，需要得到从上头来的权柄和能力。因此，不住地祷告，也为成就神的国和神的义，尽心、尽性、尽意地恒切火热祷告。

到了信心第五阶段时，能献上讨神喜悦的祷告，以及达到神宝座感恩的祷告。在跪地的瞬间就能得到圣灵的感动，亦能感受祷告上达宝座。为断开自己罪恶的捆绑祷告，会疲惫不堪，可是为拯救灵魂而代祷，心里则是喜乐洋溢。

4. 全家尽忠的第五阶段信心

信心处于第一、二阶段的，也能暂时达到信心的第五阶段。有些人刚领受圣灵极度充满，因此，不顾念自己的生命，只有喜乐和谢恩，还能恒切献上如火般的祷告，并努力传道，积极参与各种聚会，虽然短暂性进入信心的第四阶段或第五阶段，但其祷告都得应允。可是，一旦失去充满，就回到原来的信心阶段。

完全进入信心第五阶段的，绝不会忽起忽落，能完全掌管自己的心，始终过着圣灵充满的信仰生活，不会回到第二、三阶段的信仰，不仅如此，还能全家尽忠，有得神喜悦的行为。

"摩西为人极其谦和，胜过世上的众人。"（民数记十二章3节）还有："我的仆人摩西不是这样，他是在我全家尽忠的。"（民数记十二章7节）由此可见，摩西拥有得神喜悦的第五阶段的信心。

何谓"全家尽忠"？

全家尽忠，是凡事以基督的心行事，不倚靠自己的意念和理论，完全以基督的心、属灵的心行事。

因拥有基督耶稣良善的心，所以，不争竞、不喧嚷、不折断压伤的芦苇，不吹灭将残的灯火（参考马太福音十二章19-20节）。真正拥有这种信心的，因为彻底除掉自身的情欲和私欲，故能忠心职守。

不追求世上的富贵和荣华、名誉和权势，只顾念神的国和神的义，毕生只为积累更多天上的奖赏，享受永远的幸福而努力，完全发自内心的火热和忠诚，所以能在各样事上尽忠。若只为完成自己所担负的使命，不过是做自己所当尽的使命而已。如有人做好该做的事时得着报酬，这称不上是全家尽忠。

全家尽忠是为完成自己所担负的使命，不惜牺牲时间、物质、精力和生命，超越自己所担当的，并予以完成。因此，以真正爱主的心，与罪恶相争直到流血的地步，以圣洁之心完成所担负的使命，这还不能说是全家尽忠。只有在真理中成圣，不惜牺牲自己的生命，拥有至死效忠基督耶稣的信心，超越自己所担负的使命，才是全家尽忠。

若想全家尽忠，讨神喜悦

若是拥有哥林多前书十三章属灵的爱，并结出加拉太书五章圣灵的九种果子时，就是信心的第四阶段。在此若完全蒙马太福音五章的八福并全家尽忠，才能达到讨神喜悦的信心。那么其理由是什么呢？

首先，圣灵所结的九种果子中，第一个果子"仁爱"和哥林多前书十三章的"爱"，含义的深度不同。若说哥林多前书的"爱"是标准属灵之爱的定义，那圣灵果子的"爱"就是为完成律法的爱，是无限的爱。

也就是圣灵所结九种果子中的"爱"比哥林多前书十三章中属灵之爱的范围更广泛、更上一层，这爱完全律法，是主耶稣十字架上的爱。

随着这爱的成熟度，就能远离属肉体的情欲，因此能得从上头来的平安和喜乐。凡事完全只看好的，只听善美的，只想善美的，心中没有恨，故不会有仇恨之心，只有付出及完全牺牲的爱，因此，心中只有平安和喜乐。

随着喜乐的程度，寻求真正的幸福，爱众人，与众人保持和睦的关系；又只盼望天国并恒久忍耐；有怜悯之心、慈爱之心，就不喧嚷，能结出良善的果子；良善之人没有私心，唯有属灵的忠心。

若再兼备温柔谦和的果子，就能更加尽忠。然而尽忠的程度，也各有不同。心地温柔的，会更加尽忠。无论在家庭或工作上，都能与众人保持和睦，在教会也是尽忠职守的。若没有节制的果子，如何结出温柔的果子呢？没有节制，就无法全面的均衡，有节制的果子，才能全家尽忠。因此，在圣灵的九种果子中，尽管结了八种果子，只差节制的果子，也是不能全家尽忠的。

若没有节制的果子，连一件小事都不容易做好，又怎能全家尽忠呢？所以凡事都当有所节制，才能均衡，而全家尽忠。

当完全拥有属灵的爱、圣灵的果子和八福

尽管拥有了属灵的爱和圣灵的果子，但是根据实际所行，拥有八福的程度也不同。马太福音五章中的八福是表示人的器皿，以行为成就心里所结的果子，才能拥有八福，并全家尽忠。

韩国历史上，有许多忠臣心系着国王和国家的安危，因此，尽管事不关己，但仍以国家为己任，尽心尽力地摆上，誓死效忠国王，拥有这样心态的人就是所谓的忠臣。

真正的忠臣是至死都尽忠的。有些人，虽忠于王，向王多次直言进谏，但王始终不接受，就干脆辞职还乡。可真正至死尽忠的绝非如此，尽管王不听谏言，甚至有砍头的危险，也在所不惜，即使丧失生命，也不改变心志。

人的器皿和心胸

　　为更了解全家尽忠的意义，先看人的器皿和心胸。人的器皿，乃根据个人的心田改变成好土的程度、温柔谦和的程度而不同，好坏程度也根据做受托之事情时，去行或不去行；顺从或不顺从而有所区别。

　　那么，人的器皿在哪个方面呈现差异呢？就是根据怎样领受神的道、听道时的心态、铭心的程度、遵行铭心之道的程度而有所区别。

　　好的器皿就像马利亚一样，"把这一切的事存在心里，反复思想。"（路加福音二章19节）将神的话语视为可贵，并铭记在心。

　　而人的心胸是根据用心宽广和做受托之事情时其处理事情的心力来区别的。

根据心胸的开阔度说明

　　（1）"超越所受指示和吩咐之使命"的情况。就如父母吩咐子女收拾地上的纸时，孩子不仅收拾地面，还扫地、拖地，甚至倒垃圾，把室内打扫得干干净净。

　　如此，在凡事上超越了父母所吩咐的事情，常给父母带来欢喜快乐，因此也得着父母的爱。圣经中的司提反和腓利，虽然只是执事，但却像使徒一样，在世上行了许多神迹奇事（参考使徒行传六章）。

　　（2）"只完成使命"的情况。如子女只按着父母的吩咐，收拾好地上的纸，虽能得到父母的爱，却不能带给父母喜乐。

(3) "不能担负使命"的情况。如子女厌烦父母的吩咐，无动于衷。

虽说爱主，却不祷告，不探访人或不顾落在强盗手中的人，绕道而行的祭司和利未人（参考路加福音十章）都属这类。因没有真正的爱，所以很容易做出神最厌恶的背叛、奸淫和傲慢的行为。

(4) "不仅不担负使命，反而败坏"的情况。如子女不仅不照父母的吩咐去做，反而发脾气打翻物品。

心胸宽广才能全家尽忠

从以上的例子可知：能超越完成使命的是大器皿。根据盼望的多少，尽心努力的程度，区别大小不同的器皿，就是无论在神面前、教会、工作上、家庭中都是一致的。

因此在比较人的器皿和心胸时，好的器皿都是以"阿们"顺从，不但尽心尽力达成目标，甚至超越目标。

可见全家尽忠是离不开宽阔胸襟的。不同的胸襟，尽力的程度也不同。民数记十二章7至8节看到，神特别喜爱全家尽忠的摩西，也表明全家尽忠的重要性。

> "他是在我全家尽忠的。我要与他面对面说话，乃是明说，不用谜语，并且他必见我的形像。你们毁谤我的仆人摩西，为何不惧怕呢？"

摩西不仅全心全意地敬畏神，对百姓和家族，对自己所担当的一切，都是如此。他没有眷恋荣华和富贵，而选择神永远的天国，因着此信心得神喜悦。

因是如此的尽忠，所以当百姓犯了大罪即将灭绝时，他以自己的生命恳求神，赦免他们的罪。当摩西四十天不吃不喝，从神那里接受了十诫回到营前时，看见百姓铸了一只金牛犊在献祭，并吃喝玩乐。虽是如此，摩西依然恳求神赦免百姓的罪。

信心之父亚伯拉罕也是一样。耶和华神要剿灭罪恶甚重的所多玛和蛾摩拉的时候，亚伯拉罕并未因与自己无关而置身事外，反而为所多玛和蛾摩拉恳求主耶和华说："假若那城里有五十个义人，你还剿灭那地方吗？不为城里这五十个义人饶恕其中的人吗？"如此四十五人、四十人、三十人、二十人，直到十人，祈求耶和华给予饶恕，结果得到了应允，耶和华说："为这十个的缘故，我也不毁灭那城。"（参考创世记十八章22-32节）只是连十个义人都没有，所多玛和蛾摩城就被毁灭了。

亚伯拉罕和侄儿罗得一同居住，后来得神祝福，那地容不下他们。因为他们的财物甚多，使他们不能同居。这时亚伯拉罕把选择权先让给侄儿罗得。罗得求自己的利益，选择滋润平原的美地。

此后，所多玛和蛾摩拉，在一次战争中战败，所有的财物和粮食都被掳掠，得知这消息的亚伯拉罕，冒死率领精练壮丁三百一十八人直追到敌人，杀败敌人，将被掳掠的一切财物夺回来，连罗得和他的财物，以及被掳掠去的人民都夺了回来。

这时，所多玛王出来迎接亚伯拉罕，对他说："你把人口给我，财物你自己拿去吧！"亚伯拉罕对所多玛王说："凡是你的东西，就是一根线、一根鞋带，我都不拿。"然后，凡是属于所多玛王的都归还给了他（参考创世记十四章21-24节）。

亚伯拉罕无论与谁交往，绝不伤害对方，而是给予喜乐、盼望和安慰，并尽心地款待、爱护对方。

若想作全家尽忠的人

如此，摩西和亚伯拉罕都是心胸宽广之人，待人没有虚假，只有真实和完全。

若想做到全家尽忠，该如何行动？

首先，不要消灭圣灵的感动，不要藐视先知的讲论，要尽力追求美好。在真理中看美好的、思想美好的，说真理的话，行美好的脚踪。

第二，除掉"老我"，以属灵的爱为神的国和神的义牺牲自己。为此，应把一切属肉体的情欲钉在十字架上，唯有胜过属肉体的情欲，才能盼望属灵的事，并且知道做该做的，并行神所喜悦的事。

亲爱的读者:

　　属灵的世界是无法测度的无限世界，因此，在信心的第四阶段，当知如何跨越，直到全家尽忠、拥有讨神喜悦第五阶段的信心时，才能稍微领会神长阔高深的心，也能理解神是多么慈爱和怜恤、宽容、良善又有恩典。

　　因此，每当想起主，就抑制不住感恩的泪，并常感受到与主同行，经历神奇妙的爱。

　　在信心的第四阶段和第五阶段，属灵的爱及牺牲的深度有着极大的差别，拥有真正神喜悦的信心，凡事只要祈求，就都能得着。

第九章

在信的人所伴随的神迹

1. 奉主耶稣基督的名赶鬼

2. 说新方言

3. 手能拿蛇

4. 若喝了什么毒物，必不受害

5. 手按病人，病人就好

第九章

马可福音十六章17-18节

> 信的人必有神迹随着他们，
>
> 就是：奉我的名赶鬼，说新方言，手能拿蛇；
>
> 若喝了什么毒物，也必不受害；
>
> 手按病人，病人就必好了。

从 圣经中看到耶稣行了许多的神迹。神迹是超越人类的极限，唯有神的能力才能做到的事。而耶稣所行的第一件神迹是什么呢？

耶稣参加婚宴，得知预备的酒将喝尽了，吩咐佣人把水装满了六口石缸，然后把这水变成上好的葡萄酒（参考约翰福音二章1-11节）。

行这第一件神迹，用水变成酒有属灵的含义。加利利的迦拿代表世俗，婚宴则代表吃喝嫁娶、罪恶盛行的末世（参考马太福音二十四章37-38节）。而水意味着神的话语，葡萄酒则象征主耶稣的宝血。

耶稣用水变成酒意味着，将来耶稣被钉十字架，所流的血成为永生的宝血。

人们喝了水变成的葡萄酒后，称赞为上好的葡萄酒，乃因喝了耶稣的宝血，罪得赦免，有了天国的盼望而欢喜。从第一件神迹开始，接着耶稣救活了将要死去的孩子，彰显五饼二鱼的神迹，医治被鬼附的人和生来瞎眼的，使死了四天的拉撒路恢复了生命气息，行无数的神迹奇事。耶稣说："若不看见神迹奇事，你们总是不信。"（约翰福音四章48节）也就是透过神迹奇事，叫人信神，引导无数的灵魂走向永生之路。

神至今仍为了拯救更多的灵魂，继续以无数的神迹奇事彰显祂自己。

以下查看神喜悦的信心确据所伴随的神迹。

1. 奉主耶稣基督的名赶鬼

生活在科学文明高度发展的现代人，大都不相信有鬼神，但圣经清楚地记载鬼的存在。鬼是恶灵中的一种，给那些敬拜偶像的家庭带来试探和患难，引诱他们更加侍奉鬼。

耶稣说："信的人必有神迹随着他们，就是：奉我的名赶鬼……"因此，若有信心，就要击退仇敌魔鬼撒但，制伏和控制它们。

"凡接待他的，就是信他名的人，他就赐他们权柄，作神的儿女。"（约翰福音一章12节）既然我们得了作神儿女的权柄，却惧怕仇敌撒但，成了它们玩弄的对象，是多么不堪。初信者若在尚未拥有属灵信心的基础时，便在山上祷告求恩赐，很容易受仇敌撒但的搅扰和攻击。因在山上祷告特别有此状况，所以当小心注意，当明白在未除掉罪恶的情况下，只求恩赐和权能时，反更容易被鬼附上。

因此，初信者和信心小的人在山上祷告时，切记要请有权柄的牧者来带领，并奉主的名击退空中执政掌权的恶灵，如此才不会受妨碍。

奉主耶稣基督的名赶鬼的效果

神的仆人和同工探访圣徒也是一样的。先分辨好灵里的事，击退魔鬼撒但后再去探访，才会有果效，真理的话语较易进入对方的心门，使他得恩典并增长信心。

若没有事先击退撒但，易受到搅扰和败坏。灵眼打开的人能看到搅扰的恶势力，有的完全被恶鬼所辖制，大部分是透过非真理的意念，受部分的控制。

因为，信心软弱时心中仍存有奸淫、偷盗、说谎、恼怒、嫉妒、仇恨等非真理的罪性，所以撒但就辖制这种非真理的意念，引发犯罪的行为。

透过探访，奉主耶稣基督的名赶鬼，神的话语叫对方的心灵得以更新变化。用神赐的权柄传讲话语，刺入剖开对方问题所在，让痛悔的灵生效，并且能够刚强壮胆和激发战胜非真理的能力。

往往这种果效，会让当事者事后惊讶不已，讶异自己竟然在潜移默化中，性格在真理中得以改变。

在四福音书中，可看到来到耶稣面前品性和心灵得到改变的人物。以使徒约翰为例：他的性情本是暴烈如火，甚至有"半尼其"的绰号，就是"雷子"的意思。然而约翰遇见主后彻底改变，成了"爱的使徒"。

像主耶稣一样信心充足的，就有能力改变人们的心灵，也能制伏和控制仇敌撒但，因此当奉主耶稣基督的名赶鬼。

奉主耶稣基督的名赶鬼的过程

赶走恶鬼，有时只需一次的祷告就成了，也有上百次的祷告还赶不走恶鬼的情况。

也有圣徒因大大得罪神，故得不到神保守和看顾，就可能被鬼附。但若愿意在神面前彻底痛悔，接受祷告，很容易就把恶鬼赶出去。

而祷告再多也赶不走恶鬼的原因，是当事者对神根本没有信心，也不懂真理，本身罪孽深重再加上附了恶鬼，所以要赶走他们身上的恶鬼，首先要帮助他们彻底痛悔，拆除与神隔绝的罪墙，明白真理和加强对神的信心。

另有一种情况，是当父母的信仰有问题时，儿女可能会被鬼附，只有父母彻底地悔改，直到信心建立在磐石上，否则这棘手的问题是很难得到解决的。

还有一种是受黑暗势力影响的，虽然到了教会，但始终打不开心门；尽管想努力听道，却抵不住疲乏和杂念，总有疑惑，这样的人在痛苦中过信仰生活。这是因为祖先或父母行巫术，严重拜偶像，连累后代子孙受恶势力的影响。可是若继续努力听道，不住地祷告，成为神光明的儿女，黑暗的仇敌魔鬼就会退去，全家人也能蒙福得救。

因为神是忌邪的，特别厌恶拜偶像，因此，为了能彻底拆毁这堵厚厚的罪墙，要不断地追求真理，与自己的罪恶不断地相争，并做如火般的祷告，在真理中彻底改变自己，直到罪墙一一除掉。

奉主名赶鬼却不退的情况

曾经信主的，却又完全脱离了真理，良心如同被热铁烙惯了，尽管接受祷告，恶鬼也不会离开他们，因他们内心已被黑暗笼罩，使得他们不想悔改、也不能悔改。

约翰一书五章16节说："有至于死的罪，我不说当为这罪祈求。"就是说：为这样的人祈求，神也不会应允。那至于死的罪，正是诽谤圣灵、亵渎圣灵、干犯圣灵的罪，犯这种罪的，无论今世还是来世都不得赦免，因此，再怎么祈求也不能得救。

"人一切的罪和亵渎的话，都可得赦免；惟独亵渎圣灵，总不得赦免。"（马太福音十二章31节）亵渎圣灵是把圣灵的大能随己意判断、定罪，恶毒地妨碍圣灵的工作。比如：把彰显神大能的教会看成是异端或邪灵，并散布谣言，妨碍圣灵工作（参考马可福音三章20-30节）。

马太福音十二章32节说："凡说话干犯人子的，还可得赦免；惟独说话干犯圣灵的，今世来世总不得赦免。"路加福音十二章10节也说："凡说话干犯人子的，还可得赦免；惟独亵渎圣灵的，总不得赦免。"

干犯人子，是不相信道成肉身来到世上的耶稣为救世主，只认为是个人，这种情况是只要认罪悔改就能得赦免。

干犯或亵渎圣灵的，是接待主耶稣基督，领受圣灵认识神的，因着自己的恶，抗拒和亵渎神的工作。这种罪无论今世还是来世总不得赦免，只能走向灭亡之路。因此诽谤圣灵、亵渎圣灵、干犯圣灵的罪是永不得赦免的大罪，断不可犯这样的罪。

希伯来书十章26节说："因为我们得知真道以后，若故意犯罪，赎罪的祭就再没有了。"透过神的道，明知故犯，良心就如同被热铁烙惯了一样。不但得不到悔改的灵，最终还是被神弃绝。

再则，已经蒙了光照，尝过天恩的滋味，又于圣灵有份，并尝过神善道的滋味，觉悟来世权能的人，却离弃真道，把神的儿子重新钉在十字架上，得不到重新懊悔的灵（参考希伯来书六章4-6节）。除了这些神掩面不顾的情况以外，其它的只要奉主耶稣基督的名祷告，一切的黑暗势力皆可制伏。

住在真理中如火般恒切的祷告

若主的仆人和工人奉主耶稣基督的名祷告时，仇敌撒但仍然不退去，实在让人为难啊！因此，需要得到从上头来的能力，才能够制伏仇敌撒但。

若要因信彰显神迹，就要尽心、尽性、尽意地爱神，住在真理之中，不断地做如火般的恳切祷告，成就得神喜悦的信心。

教会开创不久，外地的江原道有一名被癫痫鬼附上的青年闻讯而来求助。这名青年虽然在教会担任主日学老师，并在诗班侍奉，但因极其傲慢而又没有除掉内心的罪恶，因此给恶鬼有了可乘之机。

然而因他父亲的恳切祷告和忠心爱主，他终于得了神医治的恩典。当同工们用祷告将恶鬼赶出去时，这个青年口吐唾沫，倒在地上抽搐，还发出一股恶臭的气味。

此后，他在本教会努力用真理装备自己，得到属灵的更新，回到江原道竭力见证神的大能和医治的恩典，并在主所喜悦的教会尽忠侍奉。

不仅如此，透过我祷告过的、带有神权能的手帕，能超越时空赶走恶鬼和黑暗的势力，使无数的灵魂从恶灵的捆绑中得以释放。

有位住在蔚山的弟兄，高一时因不肯吸烟，受到同学严重殴打，精神上受了刺激，不幸又被鬼附了。因此，在精神病院住了七个多月。

经过我祷告过的权能手帕，按在他头上为他祷告后，从恶鬼的捆绑中释放了，恢复了健康，如今在教会中是神宝贵的工人。

像这样的大能不仅是在国内，就是在海外也时常传来无数惊人的见证。例如：巴基斯坦的一名圣徒被恶鬼捆绑了四年之久，受尽折磨和痛苦。接受权能手帕的祷告后，不仅断开恶鬼的捆绑，并领受圣灵和说方言的恩赐。

2. 说新方言

在信的人所随着的第二个神迹，是能说新方言。"我要用灵祷告，也要用悟性祷告；我要用灵歌唱，也要用悟性歌唱。"（哥林多前书十四章15节）灵和悟性确实有区别。人的心有属真理和非真理两种不同的心。其中，属真理的心是洁净的属灵之心；相反，非真理的心是黑暗的属肉体之心。可是，接待耶稣基督之后，照神的旨意不住地祷告，并遵行在神的善道中，而逐渐除掉内在的罪恶。随着非真理心的减少，属灵的心就得以增多。如此继续努力，彻底除掉罪恶，心灵完全洁净时，就能进入信心的第四阶段。到了深爱主的信心第四阶段，就会远离所有的非真理，充满真理的灵。在这阶段中，努力不懈，全家尽忠，进入得神喜悦的信心时，内心完全被圣灵充满，此状态叫作"全灵"。这时心就是灵，灵就是心，就是已成就全灵了。

若要说新方言

灵的祷告，就是在圣灵的感动中圣灵亲自向神祈求的祷告，叫作"方言祷告"。

方言祷告，是灵与神之间的对话，仇敌撒但是听不到的，所以能在信仰生活中带来许多益处。

方言的恩赐，是神的儿女领受了圣灵，被圣灵充满祷告时，神赐给凡相信的人。

方言祷告极其充满时，在圣灵的感动中不知不觉地唱出方言赞美，再进一步还能跳优美的舞蹈。因完全被圣灵掌管，就算平时五音不全的人，也能流畅地唱出动人的赞美；平时不会跳舞的，也能曼妙地舞动身躯。

而此阶段中深入时，就能说出新的方言。是与以前完全不同的充满，是属灵体验的新方言。这就是"新方言"。进入信心第五阶段时，只要进入方言祷告，就马上能说出新方言。

新方言是赶出魔鬼能力的方言

新方言是带有能力的方言，仇敌魔鬼会惧怕退却。假设突然有个强盗手握尖刀出现，这瞬间用新方言祷告时，神会马上感动强盗的心悔改，或透过天使叫强盗的手臂僵硬麻木。

有时在出门之际，心中感觉不安，这是全知全能的神通过圣灵做工，感动神儿女的心，此时只要顺服并献上祷告，仇敌撒但就会退却，就可避免一切灾祸。

因此，若能说新方言时，无论在家庭或工作上，都能常常得胜，不易被搅扰与破坏，也能预防试探和患难。

3. 手能拿蛇

在信的人所跟随的第三个神迹，是手能拿蛇。创世记三章14至15节神对蛇说："你既做了这事，就必受咒诅，比一切的牲畜野兽更甚。你必用肚子行走，终身吃土。我又要叫你和女人彼此为仇；你的后裔和女人的后裔也彼此为仇。女人的后裔要伤你的头，你要伤他的脚跟。"

这是蛇受咒诅的场面。而这"女人"的属灵意思是以色列，而女人的后裔是预表着耶稣基督。因此，女人的后裔要伤蛇的头，乃预表神的独生子耶稣基督道成肉身来到世上，打破仇敌撒但死亡的权柄。而蛇要伤祂的脚跟，是撒但将把耶稣钉在十字架上的预言。

"大龙就是那古蛇，名叫魔鬼，又叫撒但，是迷惑普天下的。"（启示录十二章9节）由此可见，蛇是意表魔鬼。因此，信的人"手能拿蛇"是能够识破和掌控撒但，奉耶稣基督的名粉碎撒但的诡计。

"手能拿蛇"属灵的意思是打破撒但的会

> "那自称是犹太人所说的诽谤话，其实他们不是犹太人，乃是撒但一会的人。"（启示录二章9节）

> "那撒但一会的，自称是犹太人，其实不是犹太人，乃是说谎话的，我要使他们来在你脚前下拜，也使他们知道我是已经爱你了。"（启示录三章9节）

这里所说的犹太人是指神的选民，在属灵的含义上是信神之人。自称犹太人是指那些虽说信主耶稣基督，却诽谤和败坏神的国，以不合乎自我的心思和意念为由，论断、诽谤、议论、嫉妒、仇恨、纷争的人。

而"撒但一会"，是指两个人以上聚在一起，传说非真理的话，搬弄是非，在教会里挑起纠纷，做败坏的事。如果未能及时识破和粉碎，因一、两个人的不满，就逐渐扩大形成更大的黑暗。

当然，为拯救更多的灵魂，为神的国和神的义，为了教会的发展和前景，建设性的建议或提案是可接受的。可是举着"善意"的幌子，逼迫和败坏、敌挡神的仆人，分裂教会，在有信心的弟兄姊妹中搬弄是非、挑起纠纷，阻碍福音的发展，扩张自己的势力，就是"撒但一会的"。形成与真理违背的团体，就是"撒但的会"。

事实上，有许多应该圣洁、在真理中彼此相爱、合而为一的教会，因这种"撒但的会"，阻碍教会的复兴，使教会站立不住。

但信心的第五阶段时，就能识破和粉碎这种"撒但的会"，叫一切败坏的灵没有立足之地。

本教会自开创以来从未有过"撒但的会"。教会开创当时，圣徒还无法用真理装备自己，因受撒但辖制做工的人有过几次撒但会的事件，但每次神事先提醒，在讲台上用真道粉碎了撒但的阴谋。

可是现在圣徒们已懂得真理，能分辨善恶、是非真假。偶尔有"撒但的会"要渗透教会，但懂得分辨的圣徒们，当场就能识破。尽管撒但想败坏，若没有同流合污的人，"撒但的会"自然就会瓦解。

4. 若喝了什么毒物，必不受害

信的人所跟随的第四个神迹，是若喝了什么毒物，必不受害。使徒行传二十八章1至6节，向外邦人传福音的使徒保罗在马耳他岛上被毒蛇咬住了手，土人们都认为他必死无疑，可过了多时，见他没事，所以转念称他是神。因保罗有充足完全的信心，所以被毒蛇咬了也没受伤害。

像保罗一样，被毒蛇咬也不受害

有充足完全信心之人，无论什么疾病或病菌都不会趁虚而入，若喝了什么毒物，全能的神也会用圣灵之火焚烧掉，而不受任何的伤害。

如果故意喝毒物来试探神，必然得不到保守。经上说：除了十分之一奉献，不可试探神，神是绝不容许试探的。然而，若在无意中喝了毒物，例如喝了他人故意放入安眠药的饮料（或是为了抢夺或偷钱而施以麻醉），凡在信心第五阶段的，因有圣灵的火给予解毒，所以，必不受任何伤害。

无论是什么毒物，有圣灵的火焚烧时

在我念神学三年级期末时，正准备第一届复兴盛会的讲章，没留意喝了某种饮料，这时腹部突然剧痛难忍，因此马上按手在腹部祷告，祷告结束，疼痛也停止了，并且立刻泻肚子。隔天，才知我所喝的是一种剧毒物。

还有我在乌致院祷告时，附近有一所大学，常有学生游行示威，导致警察常用催泪弹来驱散学生游行。因此，附近的人常常觉得难受，我却没有任何的感觉。

开创教会不久，因没有住处，全家住在教会的地下室。阴天和气压较低时，煤烟就很难排出，家人时常觉得难受，我却没有感到不舒服。

因进入讨神喜悦的信心阶段时，常被圣灵充满，得到保守和看顾，因而无论是什么毒物、毒气都被圣灵的火焚烧掉。

5. 手按病人，病人就好

信的人所跟随的第五个神迹，是手按病人，病人就好。我在开创教会之前就在神的恩典中，体验到按手医治的大能。开拓教会之后就不知有多少人得到医治而荣耀了神！

现在我虽然不能一一为患者按手祷告，但在礼拜证道后，只在讲台上祷告，就可医治各样的疾病。

每年五月份连续两周的复兴圣会，曾使白血病、半身不遂和各种癌症得到医治，连瞎眼的也睁眼看见、瘫子站起来行走、聋哑人恢复听觉能开口说话，彰显圣经中的惊人大能，使无数的灵魂遇见了永活的神。

这如火般的圣灵作工既能焚烧各种病菌、医治疾病，为什么还有一些人得不到医治和应允呢？

主要是接受祷告的人没有信心，因神是照着每个人的信心给予成就的。再者，虽然有信心，但与神之间隔绝的罪墙尚未拆除，这样的人必须先彻底悔改，拆掉一切罪墙，然后接受祷告，才能得到医治。

但要记住：并非为患者祷告，患者得到医治，就是达到信心的第五阶段。

在信心第三阶段的，若能得到神赐医治的恩赐，祷告时也能医冶疾病。还有在信心第二阶段的，若圣灵特别充满，瞬间也能达到第四、五阶段的信心，这时为患者祷告，也能得医治。另外，爱的祈求和义人祈祷所发的力量大有功效（参考雅各书五章16节），因此也能彰显神的大能。

但这一切只能医治癌症、肺病等因病菌或病毒所引起的疾病，却不能叫生来瞎眼的看见、瘫子站起来行走、哑巴开口说话、短腿变成长等等。

用爱心祷告和医治恩赐赶走的鬼，常是暂时的，有可能还会再进来，可是在信心第五阶段的，得到从上头来的权柄赶出去的鬼，却是再也不能进入了。

因此，拥有完全的信心所彰显的神迹，才能说是信心的第五阶段，更多的能力、权柄、权能和恩赐也伴随而至。

亲爱的读者:

　　现今是个充满罪恶的世代，人心极其刚硬，要亲眼看见比耶稣当时更大的神迹和奇事才能相信。因此，神盼望自己的儿女们拥有属灵的充足、完全的信心，彰显神迹奇事，做比耶稣当时所做更大的事，拯救更多的灵魂。

　　奉主的圣名祝福各位，早日拥有得神喜悦的信心阶段，成就神的国和神的义，进入如日般明亮耀眼的天国。

第十章

不同的居所
与冠冕

1. 凭信心才能拥有的天国

2. 天国是努力进入的

3. 按信心分量，得到在天国的居所和冠冕

第十章

约翰福音十四章1-3节

你们心里不要忧愁，你们信神，也当信我。

在我父的家里有许多住处；

若是没有，我就早已告诉你们了。

我去原是为你们预备地方去，

我若去为你们预备了地方，

就必再来接你们到我那里去；

我在那里，叫你们也在那里。

运动选手因对金牌的盼望，凭着坚忍不拔的意志，并且确信暂时的汗水和泪水将换来珍贵的荣耀，所以能够克服一切艰苦的训练。

在奥林匹克竞赛中，当金牌挂在脖子上的那一刻，选手常是流着泪水，心情激动得无法言喻。因为一段艰苦的训练过程，忍耐到底的目的就为了这荣耀的一刻。

基督徒的生涯也是一样，在奔向天国的属灵战争中，为得到最后的胜利，打赢那美好信心的仗，就要努力攻克己身、顺服基督。

为得到这短暂今世的奖赏和荣耀，人们能够承受斯巴达式的艰苦训练，更何况是为得永远的天国之奖赏呢？"岂不知在场上赛跑的都跑，但得奖赏的只有一人？你们也当这样跑，好叫你们得着奖赏。凡较力争胜的，诸事都有节制，他们不过是要得能坏的冠冕；我们却是要得不能坏的冠冕。"（哥林多前书九章24-25节）乃是劝勉圣徒盼望将来的荣耀，在诸事上有节制，也努力奔跑。

然而如何才能拥有荣耀的天国，并得到更好的居所，其具体方法是什么呢？

1. 凭信心才能拥有的天国

尽管许多人在世上享有名誉与权势、富贵与荣华，却不知道人是从哪里来？要往哪里去？为什么生存？大部分的人认为及时享乐，才不负此生。

然而基督徒因相信神创造人类的始祖亚当，又赐给我们生命的种子，应许传承后裔，也知道神要人类在世上接受耕作的理由，因此无论或吃、或喝、做任何事，都将荣耀归于主。

神希望儿女们更加了解天国，充满对天国的盼望，理由何在呢？因对天国了解越深，信仰生活就越加倍努力。天国是凭信心才能进入的，非凭自己的力量，这就是"因信称义"的道理。尽管拥有再多的财富、地位和权势，若没有信心，就断不能承受神的国。只有接待主耶稣基督，得到作神儿女的权柄，遵行神真道的圣徒，才能进入天国，享受永生的福乐。

旧约时代靠行律法称义

对耶稣基督全然不知的，绝对不能得救吗？也不尽然。

旧约是律法的时代，根据是否遵行神的律法为得救的标准。可是从施洗约翰见证了耶稣基督之后的新约时代，是靠相信主耶稣基督而得救。在新约时代还未听过福音的，将受良心审判，有关这方面的详情，请参阅《十字架之道》。现今有人认为新约时代是"口里承认耶稣基督为主的必能得救"，甚至认为不一定要遵行神的道，犯罪也无所谓，但事实绝非如此。

那么旧约时代"靠行为得救"和新约时代"因信称义"的真正含义是什么呢？耶稣来到世上，并非为了救不行真理的人，而是为了造就不仅在行为上，连心中也能遵行神旨意的人。

因此，他说："莫想我来要废掉律法和先知；我来不是要废掉，乃是要成全。"（马太福音五章17节）又说："你们听见有话说：'不可奸淫。'只是我告诉你们：凡看见妇女就动淫念的，这人心里已经与她犯奸淫了。"（马太福音五章27-28节）所以心怀恶念，就等于是犯罪。

新约时代因信称义得救

旧约时代，尽管心中动了淫念，但没有实际奸淫的行为，就不是罪，而有行为表现的，才是罪。因此，有奸淫的行为时，会被石头打死（参考申命记二十二章21-24节）。因此，在旧约时代，尽管内心充满污秽、邪恶，也有杀人或偷盗的意念，只要没有行出来，罪名就不成立，因此能够得救。

"凡恨他弟兄的，就是杀人的。你们晓得凡杀人的，没有永生在他里面。"（约翰一书三章15节）新约时代，尽管没有外在的罪行，只要心中有恶念就已经犯罪了，罪人是不能得救的。

新约时代，只要有偷盗的意念，就是盗贼；看见异性动淫念的，就是已经犯奸淫罪；心中恨弟兄，有杀人的意念，就已经犯杀人罪。所以当除掉心中的恶念，以有行为的信心得救。

要除掉肉体和情欲的事

在圣经中常提到肉体、血气、肉体的事、情欲的事等。信主的，能够真正领会这些含义的也不多。

肉体的事和情欲的事在圣经中是有不同的属灵含义。为了能领会这些单词的属灵含义，首先来看看人类犯罪的过程。

始祖亚当是有灵的活人，没有"非真理"，因神只教导属灵的真理。可是后来，因为对神的话一知半解，没有铭记在心，而犯了摘吃分别善恶果的罪，从此走向死亡（参考罗马书六章23节）。

灵死后，就不能与本是灵的神相交了。被造之物，应当敬畏创造主，遵行祂的旨意，可是人犯罪之后，就无法尽人的本分。

结果，亚当从丰富美好的伊甸园被逐出，开始受仇敌撒但的辖制，在败坏的世代里，活在悲伤、痛苦、疾病、死亡之中，人心逐渐被罪恶污染，以致犯了许多罪。

如此，人被罪恶污染，生命的知识被排除的状态叫作"身体"；在这"身体"上结合罪性，叫作"肉体"。

肉体是虽然没有行出来，却有引发罪行的非真理属性，即用肉眼看不到的内在罪性叫作"肉体"；而将其一一罗列就是"肉体的事"。

比如：嫉妒、仇恨、淫念等虽用肉眼看不见，但若不除掉，迟早会有罪恶的行为。而有实际的行为统称为"情欲"，将其一一罗列就称为"情欲的事"。

如果有打人的意念叫作"肉体的事"；动手打人，就属于"情欲的事"。

创世记六章3节提到："属乎血气"。"耶和华说：'人既属乎血气，我的灵就不永远住在他里面。'"这是说不遵行神旨意，属血气的，神的灵就不永远住在他里面。

在圣经中看到亚伯拉罕、摩西、以利亚、挪亚、但以理等遵行神旨意的属灵人，神的灵就住在他们里面，时刻与他们同行。

不遵行神旨意是属血气的，即犯情欲的事的人不能得救，应当快快除掉情欲的事，也要抛弃肉体的事。

属血气的，不能进天国

神就是爱，凡承认自己的罪而悔改，接待耶稣基督为救主的人，神就赐他权柄作神的儿女，并赐给圣灵。

领受圣灵，使已死的灵重新复活，从此不再是属血气的，而是属灵的人，因此能得救进入永生。可是，若不除掉情欲的事，继续犯罪，神的灵就不住在里面，也就不能得救了。

关于情欲的事，具体地记载在加拉太书五章19至21节：

"情欲的事都是显而易见的，就如奸淫、污秽、邪荡、拜偶像、邪术、仇恨、争竞、忌恨、恼怒、结党、纷争、异端、嫉妒、醉酒、荒宴等类。我从前告诉你们，现在又告诉你们，行这样事的人必不能承受神的国。"

耶稣也说："凡称呼我'主啊，主啊'的人，不能都进天国；惟独遵行我天父旨意的人才能进去。"（马太福音七章21节）

圣经多处提醒，不遵行神旨意的、行情欲的不义之人不能进天国，唯有凭信心得救，才能进入天国。

若想因信得救

圣灵通过保罗说："你若口里认耶稣为主，心里信神叫祂从死里复活，就必得救。因为人心里相信，就可以称义；口里承认，就可以得救。"（罗马书十章9-10节）

神喜悦"心里相信，口里承认"的信心。是心里相信"耶稣为人的罪，被钉死在十字架上，第三天复活，成为救赎主"，就能脱离罪恶，遵行神旨意，因信称义。有行为并口里承认时，才是真实的告白，所以这时口里承认，就可以得救。

因此，罗马书二章13节说："原来在神面前，不是听律法的为义，乃是行律法的称义。"又在雅各书二章26节说："身体没有灵魂是死的，信心没有行为也是死的。"心里相信，才能产生行为，知识上的相信是不带着行为的。唯有把知识上的信心改变成属灵的信心，才是有行为的信心。曾是所恨的，改变成所爱的；偷盗的，变成不偷盗的。

可是口里说信，若始终与世俗妥协，行在黑暗中，则仍与得救无关，是死的信心。

"我们若在光明中行，如同神在光明中，就彼此相交，祂儿子耶稣的血也洗净我们一切的罪。"（约翰一书一章7节）其实心里若有真理，自然会行在真理的光明之中。因为心里真实地相信，便会离弃罪恶，进入光明，成为义人。

有行为的信心行在光明中

神愿我们像祂一样完全（参考马太福音五章48节），像父一样圣洁（参考彼得前书一章16节），因此要与罪恶相争，不惜到流血的地步（参考希伯来书十二章4节）。

旧约时代，纵然心有恶念，但只要行为完全就能得救。因为罪念无法用毅力克服，若靠自己的毅力能战胜心中的罪恶，何需主耶稣来到世上替人类赎罪呢？当圣灵住在我们心中，便使我们为罪、为义、为审判，自己责备自己，帮助我们除掉罪恶，一切恶事禁戒不做，叫我们与神的性情有分。因此，不要在原有的信仰阶段中停滞，乃要早日与神的性情有分，不住地祷告，靠圣灵帮助，一切的恶事禁戒不做，行在光明之中。

马太福音七章21节说："凡称呼我'主啊，主啊'的人，不能都进天国；惟独遵行我天父旨意的人才能进去。"如此，有行为、属灵的信心才能进入美丽的天国。

而且属灵的信心有成长的过程，照各自的信心分量在天国拥有不同的居所，所以，为早日拥有父老的信心，当努力不懈奋战到底。

2. 天国是努力进入的

说"多种的多收，少种的少收"、"种什么，收什么"的，是照个人所行报应的公义之神。因此在天国中有不同的居所和冠冕，是照各自的信心分量所赏赐的。也根据在世上为神国侍奉和献身的程度，得到相应的奖赏。

这世上凡是有成就的人，必定付出异于常人的努力。同样，身为神的儿女，知道天国的美好，当真心盼望，坚持到底、努力到底。

然而天国是神的全能国度，有谁能进入呢？在此先了解进入天国的属灵秘诀。

从施洗约翰的时候开始，天国是努力进入的

耶稣说："从施洗约翰的时候到如今，天国是努力进入的，努力的人就得着了。"（马太福音十一章12节）施洗约翰之前是律法时代，靠律法行为得救的时代，而旧约是新约的影子。

旧约时代的先知们见证了耶和华神，预言了将要来的弥赛亚。可是到了施洗约翰时，旧约的预言终了，也是新约的开始，并开启了新的应许时期。

与神本为一体的救主耶稣来到人间，从见证耶稣的施洗约翰开始了"相信主耶稣为救主就能领受圣灵，走永生之路"的恩典时代。

神是公义的神，按照所行回报的神。因此，把天国分成几个层次，赐予不同的居所。

尤其是新耶路撒冷圣城，只有遵行神的道，全然成圣，完全担负使命的信心之人，才能进入。

虽然天国是凭信心拥有，但从施洗约翰开始，直到主再临，天

国是努力的人才能得着。耶稣说："我就是道路、真理、生命，若不藉着我，没有人能到父那里去。"（约翰福音十四章6节）主耶稣就是通往天国的道路，是真理和生命的本体。因此，若不藉着耶稣基督，没有人能到父那里去。

有许多居所的天国

天国是得救的人永远居住的地方。那里不同于这世界，是不会变质、朽坏的世界，不存在仇敌魔鬼，也没有罪，因而没有疾病、悲伤、眼泪、痛苦、死亡，只有幸福和喜乐的国度。天国的辉煌是无法用人类言语形容的，只有进入那里才会感到震撼与惊叹。

神是全知全能的神，用话语创造天地万物，这全能者为儿女们所预备的住处何等美好。耶稣说："在我父的家里有许多住处。"（约翰福音十四章2节）尼希米说："你，惟独你，是耶和华。你造了天和天上的天，并天上的万象，地和地上的万物，海和海中所有的，这一切都是你所保存的；天军也都敬拜你。"（尼希米记九章6节）此处指出不是只有一个天，还有天上的天。

"天上有天"是已经好像是"通过"现代科技证实的，而神早把这事实记录在圣经了。所罗门王说："神果真住在地上吗？看哪，天和天上的天尚且不足你居住的，何况我所建的这殿呢？"（列王纪上八章27节）

不仅如此，哥林多后书十二章2至4节记载使徒保罗曾经被提到第三层天的乐园。启示录二十一章也记载有神宝座的新耶路撒冷。

不同的居所与冠冕

所以，天国的确有许多住处。

根据信心的分量，整个天国大抵可分为乐园、第一层天国、第二层天国、第三层天国、新耶路撒冷。

乐园是信心最小的人居住的地方，上来是第一层天国，更好的住处是第二层天国，然后是第三层天国。在第三层天国中，有一个圣城，就是有神宝座所在的新耶路撒冷城。

凭信心拥有的天国

如同国家的土地在各行政区域都有不同的规划，天国也依据讨神喜悦、合神心意的程度，而有不同的居所。神喜悦儿女因天国的盼望，在地上过正确的信仰生活，拥有信心的确据，才能战胜魔鬼，并迅速除掉情欲和肉体的事，这是得以全然成圣的捷径。

接待了耶稣基督后，外在的罪行较易除掉，内在的罪性却常挥之不去。

因此，真正有信心的圣徒，为了能除掉内在的罪恶，早日成圣，应常常禁食和不住地祷告。

天国是神用爱和公义治理的国度。因此，须凭着信心努力才能得着，又凭信心的行为可得到更好的居所。信心的分量越大，所得到的居所就越美好，越灿烂辉煌。

为了永远的奖赏，要努力进天国

如果依现在拥有的信心只能进入乐园，就当更上一层楼。

信心的大小

究竟我们是与谁争战进入天国？在世上守住信心，奔向天国的道路，是与魔鬼的争战。魔鬼想尽办法迷惑和阻止人进入天国，使人抵挡神，使人犯罪，目的是把人引向灭亡。因此，要战胜魔鬼和各种罪恶，甚至要到流血的地步（参考希伯来书十二章4节）。

拳击选手若想成为世界级的拳王，必须接受长期的艰苦训练，这是为了得拳王的荣耀头衔，未达目的之前的血泪过程，岂是一般人能体会的呢？

努力进入天国也是如此，为能除掉各样的恶事而成圣，并担当神所交付的使命。在这场属灵的争战中，虽然魔鬼百般阻扰，但只要全心信靠全能者，神会差遣天军天使来帮助，又有圣灵做随时的帮助，打那美好的仗，就必能得胜。

在世上得了胜利，当上拳王，若想保持这头衔，就得持续不断地艰苦训练。然而属灵的争战却与此相反，因为是随着战胜的程度，罪恶就逐渐离开，所以只会越来越轻松，越来越欢喜快乐，并随着灵魂兴盛，凡事也兴盛，得到健康的祝福。

世上的荣耀是短暂的，即使是世界级的运动选手，随着生命的结束，一切的荣耀也烟消云散，而天国的荣耀却是永恒不朽的。

若要靠信心进入天国

耶稣见证天国时，常借世上的事物说明，其中就有芥菜种的比喻。"天国好像一粒芥菜种，有人拿去种在田里。这原是百种里最小的，等到长起来，却比各样的菜都大，且成了树，天上的飞鸟来宿在它的枝上。"（马太福音十三章31-32节）芥菜种的大小，就像原子笔的小钢珠轻轻地点在白纸上一样，是百种里最小的，但是等到它成长，就像一棵大树。这是比喻信心成长的过程，即使是小小的信心也可以长成大的信心。

耶稣说："我实在告诉你们：你们若有信心像一粒芥菜种，就是对这座山说：'你从这边挪到那边'，它也必挪去，并且你们没有一件不能做的事了。"（马太福音十七章20节）

使徒对主说："求主加增我们的信心。"主说："你们若有信心像一粒芥菜种，就是对这棵桑树说，'你要拔起根来，栽在海里'，它也必听从你们。"（路加福音十七章5-6节）

刚接待耶稣基督领受圣灵，就像芥菜种般的信心，把这信心的种子种在心田里，就能发芽成长，成长为大的信心时，就能够移山，也能够叫瞎子看见、哑巴开口说话、聋子恢复听力、叫死人复活，彰显神的权能。

然而在信仰生活中，当无法彰显这种能力时，就认为是没有信心，这是不正确的。就因还有点信心，才能够继续到教会敬拜神、赞美神、祷告神，走永生之路。只是信心的分量小，所以体验不到大能。因此，当努力并忍耐等候信心的成长。

信心的大小

要拥有神所喜悦的属灵信心

进入天国的过程并不是以"相信"为告白，就能进入新耶路撒冷，而要从乐园逐步开始。若知道这是一条必走的路，就不会原地踏步，只有昂首向前了。

出埃及的以色列百姓没有让红海分开的信心，因惧怕而埋怨摩西；而摩西有移山的信心，藉神的能力使红海分开，让以色列百姓下到海中走干地。以色列百姓虽亲眼目睹，并亲身经历了这惊人的神迹，信心却没有成长，甚至摩西为接受十诫，到西奈山禁食四十天时，以色列百姓们却铸了金牛犊，向它献祭敬拜。

这时，耶和华神发烈怒，对摩西说："我要……将他们灭绝，使你的后裔成为大国。"（出埃及记三十二章10节）以色列百姓，虽然看见且体验无数的神迹奇事，却没有属灵的信心。

结果，出埃及的第一代以色列百姓除了约书亚和迦勒，没有一个人进入迦南地。但是约书亚、迦勒和出埃及的第二代以色列百姓怎样行的呢？他们在约书亚的带领下，抬约柜的祭司们，凭信心踏入约旦河水，从上往下流的河水便止住，以色列众人都从河道上走过约旦河。接着，当他们遵行神的命令，绕城七日大声呼喊，那坚固的耶利哥城就塌陷了。这超自然的力量，是因约书亚有着能够移山的信心，百姓们也有属灵的信心，顺从神的旨意，神便行出这惊人的大能。

约书亚四十年常与摩西同在，学了摩西的一切经验和信心。好比以利沙坚持追随以利亚，而得了加倍的灵感，约书亚也是跟随并顺服摩西，作了摩西的继承人，拥有极大的信心。神便行出止住日月的奇能（参考约书亚记十章12-13节）。

跟随约书亚的百姓也如此，当时出埃及时二十岁以上的百姓，在四十年的旷野生活中已经死去，但他们的后代跟随约书亚，通过各种的经历和熬炼，拥有了属灵的信心，最后终于进入了迦南美地。

要正确地领会属灵的信心，有些人会说："我也曾有大的信心，也尽忠侍奉教会，但现在灵里软弱，信心也变小了。"这是错误的说法，属灵的信心是不会改变的。那曾拥有的不是属灵的信心，而是知识性的信心，这知识性的信心、属肉的信心终究会变的，唯有属灵的信心，再长的时间也不会改变。

例如：我手里拿着白色的手帕问大家："相信这是白色的吗？"各位必肯定地回答："阿们！"可过了十年，我拿着同样的手帕再问："这是白色的手帕，各位相信吗？"你会怎样回答呢？

即使时间过了很久，也无人疑惑那手帕的颜色。就算过了10年或20年也是，心里相信那手帕是白色，不会因时间改变，就认为它是黑色。

如此，属灵的信心是不会改变的。可是，在一些特殊情况下属灵的信心也会消失。

如刚出生就离开了亲生母亲，十年后重逢，是很难相认的，只能凭着已知的证据来确认。如果又与母亲断了消息，十年后再会面，曾确认的还存在吗？也许会半信半疑地想："这真的是我的母亲吗？"

信心的大小

有人到圣地以色列旅游时，买了些芥菜种子，回来种在地里，可是没有发芽，因为是陈年的种子，其生命力已经消失了。

同样，来到主面前，领受圣灵拥有了芥菜种般的信心，如果把这信心长期保存起来，不种在心田里，信心中的生命力就会死去，所得到的圣灵感动也许被消灭。

因此，帖撒罗尼迦前书五章19节说："不要消灭圣灵的感动。"尽管是芥菜种般的信心，若及时种在心田里，并常常浇灌生命水，就能茁壮成长。可是，虽领受圣灵，却长期远离真道，领受的圣灵感动也会被消灭。

就如与母亲长期没有来往，失去了亲密感一样，拥有了信心，若长期不行真理，终久也会消失。

根据属灵信心的程度，努力进入天国

当接待主耶稣，领受圣灵，就要行在真理上。要顺服神的旨意战胜一切罪恶，不住地祷告赞美，常与主内的弟兄姊妹交通，传道，彼此相爱。

如此努力耕耘，信心才能成长为移山的信心，比如：与主内的弟兄姊妹交通，以真理的对话和见证来荣耀神，信心也会成长。所以我们发现属灵的信心会彼此影响，当父母的信仰坚固时，下一代子女们的信仰也会很稳定。

但魔鬼总是想尽办法要夺走我们的信心，所以，不仅要用真理装备自己，还要警醒祷告，得到从神来的力量，要常常喜乐、谢恩，在属灵的争战中作个得胜者。

这时，芥菜种般的信心就能成长为大树，并可结出圣灵美好的果子来荣耀神。

农夫从撒种到收割，需要多少的辛苦努力和忍耐？同样，并非常常去教会就能进天国，而是要不懈地努力再努力。

传福音时，常听见一种说法："趁现在还年轻多赚点钱，多享受世上的欢乐，年纪大时再去教会也不迟！"但人无法预知明天会如何，更不知主何时降临，何况信心不是瞬间就能产生的。虽然知识上的信心可以随己意得到，但神所赐的属灵信心，必须领会神的心意以后，努力遵行才能得到。

农夫不会把好的种子任意撒在土里，得先开垦肥沃的土地，才撒下好的种子，并且不断地浇灌和施肥、除草、除虫，使种下的种子茁壮成长，如此才能结出丰硕的果实。马太福音十三章1至9节，用比喻说明四种不同的心田，在此的"飞鸟"是指吃尽落在路旁生命种子的仇敌撒但。而"天国好像一粒芥菜种，有人拿去种在田里。这原是百种里最小的，等到长起来，却比各样的菜都大，且成了树，天上的飞鸟来宿在它的枝上。"（马太福音十三章31-32节）这里的"飞鸟"则是指人。

就像大树上有许多的飞鸟来栖息一样，成长为大的信心，就能给对方带来信心和恩典，因此可让许多人来享受灵里的平安。

再说，随着真理中圣洁的程度，拥有属灵的爱和品德，能够包容众人，这就是努力进入天国之路。

因此，耶稣说："温柔的人有福了，因为他们必承受地土。"（马太福音五章5节）这是说明，随着信心成长而变温柔的人，在天国可得到更多的地土为产业。

天国中，依据信心的分量，有不同的荣光

使徒保罗说明复活的身体："日有日的荣光，月有月的荣光，星有星的荣光；这星和那星的荣光也有分别。"（哥林多前书十五章41节）神是照各人所行报应的神。因此，各人按自己所行，将得到不同的荣光。

日的荣光是指脱离了世上一切罪恶成为圣洁，并全家尽忠所得的荣光；月的荣光其次；星的荣光再次一级。这星和那星的荣光也有分别，意思是像每一个星星有不同的光芒一样。我们复活后，就算进了同样一个居所，但每个人所得的奖赏和位置是不同的。

如此，圣经中告诉我们，当圣徒复活到了天国，拥有各自不同的荣光。这就叫我们得以明白，根据在这世上除掉了多少罪恶，拥有的属灵信心和对神国尽忠的程度，将得到不同的居所和不同的奖赏。

反之，若不除掉罪恶，与世俗妥协，像那不愿担当使命、又恶又懒的仆人，就不能进天国，终究会被逐到外面黑暗里哀哭切齿了（参考马太福音二十五章）。

努力进入天国的具体方法

世人为得到暂时的荣华富贵，省吃俭用，刻苦学习，甚至用一生的岁月努力奋斗。

为了得到短暂的荣华，都要努力，更何况是天国的永生福乐，该怎么做呢？

第一，要顺服神的旨意。

圣灵借保罗说："就当恐惧战兢，作成你们得救的工夫。"（腓立比书二章12节）因为种子不种在田里就不能发芽，如果不警醒，仇敌魔鬼就会夺走我们的信心。

因此，真理的道如同甘甜的蜜和蜂房下滴的蜜（参考诗篇十九篇10节）。并非只说"主啊，主啊"就能得救，须靠圣灵的帮助，努力遵行神之道的人才能得救进入天国。

第二，拿起神所赐的全副军装。

"要靠着主，倚赖祂的大能大力，作刚强的人。要穿戴神所赐的全副军装，就能抵挡魔鬼的诡计。因我们并不是与属血气的争战，乃是与那些执政的、掌权的、管辖这幽暗世界的，以及天空属灵气的恶魔争战。所以，要拿起神所赐的全副军装。"只有这样，才能"在磨难的日子抵挡仇敌，并且成就一切，还能站立得住"（参考以弗所书六章10-13节）。

因此，要"用真理当作带子束腰，用公义当作护心镜遮胸，又用平安的福音当作预备走路的鞋穿在脚上。此外又拿着信德当作藤牌，可以灭尽那恶者一切的火箭。并戴上救恩的头盔，拿着圣灵的宝剑，就是神的道。靠着圣灵，随时多方祷告祈求，并要在此警醒不倦"（参考以弗所书六章14-18节）。

警醒的程度，决定我们在天国的位置。

第三，要常存属灵的爱。

有信心才能进到天国，有盼望才能仰望天国，并行在真理中。要有爱心才能靠着爱的力量成就圣洁，担负好使命。若拥有完全的爱，就能荣耀地进入天国中最美好的新耶路撒冷城。

哥林多前书十三章13节："如今常存的有信，有望，有爱；这三样，其中最大的是爱。"因此，要用属灵的爱努力进入天国，也是根据拥有多少的爱而决定天国中的居所。

3. 按信心分量，得到在天国的居所和冠冕

天国是属灵的世界，世上人是无法知晓的。可是有信心的圣徒们，只提到"天国"两个字，就会充满欢喜，因为天国是永远居住的故乡。如能具体地了解天国，不仅灵魂兴盛，还能更加充满对天国的盼望，信心得以更快成长。

神为我们预备的天国里有许多的住处（参考申命记十章14节；列王纪上八章27节；尼希米记九章6节；诗篇一四八篇4节；约翰福

音十四章2节），是照各自的信心分量拥有不同的居所。神是叫我们种什么收什么（参考加拉太书六章7节），照各人的行为报应各人（参考马太福音十六章27节；启示录二章23节）的公义之神。

天国大致分为乐园、第一层天国、第二层天国、第三层天国，而神宝座所在的新耶路撒冷圣城是在第三层天国之中。就像中国的首都北京，有国家主席居住的中南海，或韩国的首都首尔市内，有总统府青瓦台。

圣经中记载了各种不同的冠冕，都与奖赏有关。在许许多多的使命中，奖赏最大的是拯救灵魂和建筑圣殿的奖赏。拯救灵魂的各种方法，有亲自挨家挨户传福音；也有为传福音的事工奉献；还有按自己的恩赐，尽忠侍奉的间接方式。这一切方式都互为肢体，各发挥所长，目的都在于成就神国的事工，都是一样的重要。

为拯救灵魂，努力传福音和参与建筑圣殿的事工，是为解除主的口渴和寻回宝血的代价，这是最大的奖赏。天国中，从佩戴的冠冕来看，就能分辨其圣洁程度和奖赏。就像古代，只看官服就能分辨职位等级一样。那么，信心分量和天国居所和冠冕，各有何关联呢？

信心第一阶段的人所进入的乐园

虽然乐园是天国中最低的居所，但与这世界相比，仍是一个充满和平之地。单单没有罪恶的存在，就令人向往，比伊甸园更美好。

从神的宝座流出来的生命水，经过第三层天国、第二层天国、第一层天国直流到乐园，河的两边有生命树，结十二样果子，每月都结果子，是极其美好的地方（参考启示录二十二章2节）。

乐园是仅接待耶稣基督而得救的、没有奖赏、信心第一阶段的人进入之处。因仅领受圣灵，没有信心的行为，故没有奖赏和冠冕。

耶稣被钉十字架时，两边也钉着两个强盗，但其中一个强盗，在十字架上悔改接待耶稣为救主，耶稣对他说："我实在告诉你：今日你要同我在乐园里了。"（路加福音二十三章43节）这并非表示主耶稣只在乐园，而代表祂是整个天国的主人。

由圣经可知，耶稣被钉死在十字架后，没有到乐园，而是先去上阴间，以弗所书四章9节："既说升上，岂不是先降在地下吗？"彼得前书三章19节也说："他藉这灵曾去传道给那些在监狱里的灵听。"也就是耶稣被钉死在十字架后，先到上阴间，向那里的灵传福音，第三天复活。

因此，耶稣向凭信心仰望而悔改的强盗说："今日你要同我在乐园里了。"这个强盗只接待了耶稣基督，没有努力除掉罪恶，也没有担当任何使命，所以只是羞愧地得救进入乐园。

信心第二阶段的人进入的第一层天国

如果把第一层天国的幸福和喜乐比喻为鱼缸中的金鱼，那么第二层天国的感觉就像太平洋的鲸鱼。金鱼认为在鱼缸中非常悠游自在，进入第一层天国的更感到满足愉悦，享受其中。每一个居所中洋溢的幸福、喜乐差距颇大，位于神宝座所在的新耶路撒冷城的荣光，更是难以想像的富饶和灿烂辉煌。因此，我们不能满足于乐园或第一层天国，要盼望那最美好的新耶路撒冷城，努力加增自己的信心。

接待耶稣为救主，成了神的儿女，就在圣灵的帮助下，努力遵行神的道，即信心的第二阶段。这时的信心是想按照神的话语努力去做的阶段，虽然想努力去做，却不能完全遵行。

如未满周岁的孩子，虽然努力想站立，却站立不住；之后在不懈的努力中继续成长，就能慢慢地站立，一步、二步姗姗走路；然后就想跑，父母看到孩子的成长过程，雀跃的心情常洋溢在脸上。

孩子在自然的生存欲望中，努力站起，行走，跑步；信心成长的阶段亦然，所以能向信心的第二阶段、第三阶段、第四阶段继续成长前进。因此，神也喜爱第二阶段信心的人，并赐下进入第一层天国的资格。

佩戴不朽坏冠冕的第一层天国

天国的奖赏和冠冕种类繁多，有不能朽坏的冠冕、荣耀冠冕、生命冠冕、金冠冕、公义的冠冕等，第一层天国所佩戴的是不能朽坏的冠冕。

提摩太后书二章5至6节说："人若在场上比武，非按规矩，就不能得冠冕。劳力的农夫理当先得粮食。"凡是辛苦工作就能得回报一样，走天国的窄路，必能得到回报。就像运动员在竞赛场中，遵守比赛规则才能得奖赏，在奔向天国的竞赛中，只有照神的旨意竞赛的，才能得到冠冕。

耶稣说："凡称呼我'主啊，主啊'的人，不能都进天国；惟独遵行我天父旨意的人才能进去。"（马太福音七章21节）。说相信神，却藐视神所定的属灵法则，这种信心不过是知识上的信心，如同犯规的运动员，得不到任何冠冕。虽然信心不足，却努力遵行神的旨意，就如参加竞赛遵守规则，所以能得到不朽坏的冠冕为奖赏。

在基督里有信心的，参加的是属灵的竞赛，是与仇敌魔鬼争战，得胜者将要得的赏赐是不朽坏的冠冕。

若只做上午礼拜，下午就到世上玩乐，这就是没有抵挡魔鬼的诡计，是这场争战中的失败者，所以连不朽坏的冠冕也得不到。

哥林多前书九章25节说："凡较力争胜的，诸事都有节制，他们不过是要得能坏的冠冕；我们却是要得不能坏的冠冕。"凡较力争胜的，诸事都有节制，我们为能进入天国，也要在诸事中节制，遵行神的旨意。

神记念在世上努力遵守祂话语的人，为他们预备了不朽坏的冠冕，祂的爱高过诸天。

不仅如此，第一层天国不同于乐园，还预备了各种奖赏和荣耀。

信心第三阶段的人所进入的第二层天国

第二层天国是比第一层天国高一层次的地方。韩国首都——

首尔的周围有卫星城市，周边还有城郊和边远山区。天国也是如此，以新耶路撒冷城所在的第三层天国为中心，有第二层天国、第一层天国和乐园。

用人类有限的头脑和知识，无法了解创造主的奥妙。只有随着信心的成长，才能逐步理解。

享尽一切富贵荣华的所罗门王，在年老时告白说："虚空的虚空，虚空的虚空，凡事都是虚空。人一切的劳碌，就是他在日光之下的劳碌，有什么益处呢？"（传道书一章2-3节）在雅各书四章14节也说："其实明天如何，你们还不知道。你们的生命是什么呢？你们原来是一片云雾，出现少时就不见了。"

与永远的世界相比，这世上享受的富贵荣华，只是过眼云烟，我们的肉体也像一片云雾，瞬间就会消失。可是神所赐的冠冕是永不衰残的。

信心第三阶段的人无论做什么，都能诚实尽力去做，所以才得众人的称赞："这才是真正的基督徒，看到他的所作所为，我也想去教会。"处处荣耀神的子女，神也为他们预备相应的奖赏和冠冕。

永不衰残之荣耀冠冕的第二层天国

彼得前书五章2至4节说："务要牧养在你们中间神的群羊，按着神旨意照管他们。不是出于勉强，乃是出于甘心；也不是因为贪财，乃是出于乐意；也不是辖制所托付你们的，乃是作群羊的榜样。

到了牧长显现的时候，你们必得那永不衰残的荣耀冠冕。"

进入第三阶段的信心，处于不惜流血战胜罪恶的地步，所以在言语和行为上有明显的改变，在世上作光作盐，处处散发基督的馨香之气，而能得众人的称赞。因此，作群羊的榜样，在这世上努力除掉罪恶，承担使命而荣耀主的，将会得到荣耀的冠冕。

虽然在这世上所求的荣耀是暂时的，但荣耀归主是永不衰残的，所以，神以不衰残的荣耀冠冕作为回报。

在信仰生活中已做到"对教会尽忠，照此信心应该以主的心为心，凡事都该完全，但还是发现罪恶存在"。虽然还没有成就圣洁，但已能完成所担负使命的阶段，因此将得到永不衰残的荣耀冠冕。

那为何是"永不衰残的冠冕"呢？大部分人一生中或许都得过一、两个奖赏。奖赏越大，心中越得意，并引以为傲，但这一切都是短暂的，终究要衰残，变为无有。在天国中，神所赐的荣耀是永不会改变的。耶稣说："只要积攒财宝在天上，天上没有虫子咬，不能锈坏，也没有贼挖窟窿来偷。"（马太福音六章20节）

因此，与这个世上的冠冕相比，在天国所得的冠冕之荣耀和光芒，是永不衰残的意思。由此可见，天国中一切都是完全的。戴上这荣耀冠冕的，到第一层天国或乐园时，会受到很恭敬的对待。但天国中没有罪恶，所以虽然羡慕更好的冠冕和居所，却不会心生仇恨、嫉妒等，只有尊敬与爱戴。而在高层居所的，不会因受尊敬就得意洋洋，受尊敬的也不会觉得不舒服，而是以爱心互相款待，分享天国中的幸福和爱。

信心第四阶段的人所进入的第三层天国

第三层天国是极其爱主、完全遵行神的话语、能牺牲生命并尽忠的、有殉道信心的人，所能进入的天国。

过去曾有些国家逼迫圣徒，无故地杀害基督徒，甚至奖赏告发的，镇压和逼迫基督教。可是从美国、欧洲等地来的宣教士们，却不惧怕、勇敢、牺牲、努力传福音。这福音的种子至今仍四处绽放生命的花朵，这都是许多殉道者用鲜血所浇灌的。

因此，若想到海外宣教，劝勉大家当有这种殉道的信心之时再去。到海外宣教是要吃苦的，但有这殉道信心的，都知这一切的辛苦将换取天国的奖赏，所以是欢喜感恩地走宣教的路。

现今虽不同于初代教会时期须透过殉道传福音，但若须有殉道的地方，当然就要以殉道的方式去传福音。然而不用殉道也能传更多的福音，担当更多的使命，这是神所希望的！

神是洞察人心的，因此，神早知道处在殉道危机时的信心。有句话说，"比死更难的是活着"，从另一个角度看，看不见的殉道（与罪恶相争直到流血的地步）会更有价值。

我们的信仰生活中，有许多人像豁出性命似地接受熬炼，不分昼夜地禁食祷告祈求神，不顾自己的性命，为求得某种应允，若是没有殉道般坚定的意志和信心，是难以持守的。

如今，什么样的人才能进入第三层天国呢？就是担当使命，成就心中的义，成为圣洁的人方可进入。

初代教会有许多人为主的事工凭信心殉道，因此得到进入第三层天国的资格。在这充满罪恶的世代，各样的恶事禁戒不做，成就圣洁，这是蒙神特别恩典的才能进入的第三层天国，所以人数不多。

第三层天国是父老的信心第四阶段，是"胜过各种试探和患难，并除掉罪恶得以圣洁，至死尽忠的人"所能进入的天国。所以，神看他们为宝贵，并赐给天军天使作随从，有荣光的云彩相伴随。

佩戴生命冠冕的第三层天国

启示录二章10节说："你务要至死忠心，我就赐给你那生命的冠冕。"如此，将得到生命的冠冕。

这里的至死尽忠，不单指在教会中有职分的尽忠侍奉，更重要的是不与世俗妥协，流血战胜罪恶，各样的恶事禁戒不做。因此得心灵洁净，至死完成使命的时候，将得到生命的冠冕。在主里为邻里朋友舍命，忍受试探得胜的，也必得生命的冠冕（参考约翰福音十五章13节；雅各书一章12节）。

在任何试探和患难面前，能够欢喜得胜的，可以说是各样的恶事禁戒不做，成就圣洁阶段的。真正极其爱主的，必定能至死忠心，欢喜地胜过所有的试探。

正是这样的人才能进入第三层天国，因此神看他们为宝贵，并赐给极大的奖赏和能乘荣光之云的资格。

在这世界生活，信心的第一、二、三阶段和第四阶段之间的信仰和人生，差别悬殊。信心第四阶段的人，那恶者无法害他，就算有些疾病侵入体内，也能马上知道。因此，把手按在那里祷告时，所有的疾病就会立即退去。更进一步，进入信心第五阶段的，神用荣耀的光笼罩全身，任何疾病也无法入侵。

神耕作人类的根本目的，是为了得到进入第三层天国以上的真正儿女，虽然天国所有居所都是极其美好幸福，但第三层天国只有遵行神旨意的儿女们才能进入，有资格进入这里的人才能得见神。

神希望每个人都能进入第三层天国，因此，不仅通过生命的道和如火般的祷告从上赐下能力和恩典，也希望我们靠着圣灵的帮助成就圣洁。

箴言十七章3节说："鼎为炼银，炉为炼金，惟有耶和华熬炼人心。"神为得到完全的儿女，熬炼着每个人的心。因此，希望各位迅速除掉一切罪恶，各样的恶事禁戒不做，成就圣洁，拥有神所喜悦的充足完全的信心。

信心第五阶段的进入新耶路撒冷

凡得救的都进入新耶路撒冷圣城吗？新耶路撒冷圣城是天国的全部吗？事实上并非如此。

启示录二十一章16至17节详细记载了新耶路撒冷圣城的大小，"城是四方的，长宽一样。天使用苇子量那城，共有四千里，长、宽、高都是一样；又量了城墙，按着人的尺寸，就是天使的尺寸，共有一百四十四肘。"以韩国计算单位换算，长、宽、高总共六千里，总长两万四千里，整个新耶路撒冷城还没有中国大，自太初以来，有无数人得到救赎，全都居住在此处，天国不就拥挤不堪了吗？事实上，天国是难以想像的广阔，新耶路撒冷城只是其中的一部分。进这圣城，须具备什么样的资格呢？

"那些洗净自己衣服的有福了！可得权柄能到生命树那里，也能从门进城。"（启示录二十二章14节）这里的"衣服"是指心和行为，而"洗净衣服"是洁净内心的，以圣洁的行为，做好新妇妆扮的意思。

有权柄能到生命树那里，是因信称义进入天国的意思。而能从门进城，是根据信心的分量，经过各居所的门，进入新耶路撒冷圣城珍珠门的意思。乃根据圣洁的程度，更加接近神宝座的新耶路撒冷城。

因此，新耶路撒冷城是"完全圣洁、全家尽忠，能讨神喜悦的信心第五阶段的人"才能进入的。

讨神喜悦的信心，常常能够感动神的心并充分满足神的心意，这是完全合乎耶稣基督的信心，是完全属灵的信心。耶稣本有神的形像，不以自己与神同等为强夺的，反倒虚己，取了奴仆的形像，以至于死，完全顺服了父神的旨意。所以，神将祂升为至高，又赐给祂超乎万名之上的名（参考腓立比书二章6-9节），神不仅叫祂享受坐在神右边的荣耀，还赐给祂万王之王、万主之主的权柄。

同样，我们为了能够进入新耶路撒冷，就当效法耶稣基督，完全顺服神的旨意以至于死。或许有人觉得："至死顺服太难了，像我这样的人怎能达到第五阶段的信心呢？"这实在是信心小的缘故。凡真正了解新耶路撒冷城的，不仅不会有这样的意念，反而为进入新耶路撒冷城而竭尽全力。现在简略说明新耶路撒冷城的荣耀，愿丰富的想像力帮助我们体会其中的美妙。

新耶路撒冷城的美丽

约翰描述了新耶路撒冷城的美丽："我被圣灵感动，天使就带我到一座高大的山，将那由神那里从天而降的圣城耶路撒冷指示我，城中有神的荣耀。城的光辉如同极贵的宝石，好像碧玉，明如水晶。"（启示录二十一章10-11节）再说，城墙是碧玉造的，城墙的根基是用十二种宝石修饰着，十二个门是十二颗珍珠，每门是一颗珍珠，城内的街道是精金，好像透明的玻璃（参考启示录二十一章11-21节）。

神在广阔美丽的新耶路撒冷城中，特别详细说明道路和城墙，因在世上，被看为至宝和最想拥有的其中之一就是精金，精金不仅美丽、贵重，无论过多久，其价值是不会变的。新耶路撒冷城，人们行走的街道是精金造成，城墙是用华丽的宝石妆饰着，可想而知城里何等荣美。这圣城之美、豪华、气派非凡，是无法言喻的，也难以理解。

广阔的新耶路撒冷城受神的荣光普照，没有黑暗，也不用日月光照。从神宝座流出来的生命水是起初神创造的，是无瑕疵、无污染像水晶般洁净透明的水。

信心的大小

生命河的两岸万花争艳，两旁的生命树上结着生命果，无垠的金沙、银沙铺盖在生命河的两岸。天国的百姓们在各种鲜花和草木妆扮的果山中，分享着神的恩典与爱，沉浸在神的荣光慈爱之中。

启示录二十一章23节说："那城内又不用日月光照，因有神的荣耀光照，又有羔羊为城的灯。"又在启示录二十二章1至2节说："天使又指示我在城内街道当中一道生命水的河，明亮如水晶，从神和羔羊的宝座流出来。在河这边与那边有生命树，结十二样果子，每月都结果子，树上的叶子乃为医治万民。"

这城是神为"真正效法主耶稣、以主的心为心、完全圣洁"的儿女所预备的最美好居所。

因此，神愿我们："各样的恶事要禁戒不作"（帖撒罗尼迦前书五章22节），"你们要圣洁，因为我是圣洁的。"（彼得前书一章16节）"你们要完全，像你们的天父完全一样。"（马太福音五章48节）

虽然效法主耶稣，可成就圣洁，但根据效法的程度和行为是否完全的程度，决定住在第三层天国或新耶路撒冷城。能进入新耶路撒冷城的人，不仅完全圣洁，也了解神的心意，并且顺服至死忠心，是讨神喜悦的。

当父亲下班回到家，对两个儿子说："我渴了。"此刻，平时就体贴的大儿子除了为父亲倒水，还为父亲按摩解除疲劳。而小儿子只给父亲倒了水后，就走开了。那么真正讨父亲喜悦的是谁呢？当然是大儿子。

同样，能进入第三层天国的和能进入新耶路撒冷城的差别，取决于谁更加讨神喜悦，更能理解神的心意，并照神的心意尽忠。

为了让我们更加透彻地领会神的心意，主特别强调信心的第五阶段才是讨神喜悦的信心。神喜悦有信心、圣洁的人，神很高兴有努力认真传福音的人，神喜爱为神的国和神的义尽忠侍奉的人。

佩戴金冠冕、公义冠冕的新耶路撒冷

进入新耶路撒冷城的人，将得到金冠冕或公义的冠冕。这是在天国中最荣耀的冠冕，在天国的重要宴席时戴着出席。

启示录四章4节说："宝座的周围又有二十四个座位，其上坐着二十四位长老，身穿白衣，头上戴着金冠冕。"

新耶路撒冷城的二十四长老是有资格坐在宝座的周围，这二十四长老，并非指教会中得长老职分的，而是指合乎神的人，即神所肯定的长老。即完全圣洁、完全成就内心的圣殿的人。

哥林多前书三章16至17节说："岂不知你们是神的殿，神的灵住在你们里头吗？若有人毁坏神的殿，神必要毁坏那人，因为神的殿是圣的，这殿就是你们。"成就内心圣殿，意思是成就圣洁、属灵的心，而完全成就能看见的圣殿，意思是完成在世上所担负的各项使命。

"二十四"是指"通过以色列的十二支派和主的十二使徒，进入了救赎大门"的所有人，如今凡是有信心得神肯定的儿女，都属于这十二支派，像主的十二门徒一样，成就圣洁尽忠的人，必能进入新耶路撒冷城。二十四长老是真正得到神的肯定和喜悦的儿女，完全圣洁，全家尽忠，拥有永不改变的精金般的信心，所以能得到金冠冕。

像使徒保罗一样，战胜了一切罪恶、成就圣洁，拥有讨神喜悦的信心，遵行神的旨意，担负各种使命的圣徒，将得到公义的冠冕。

使徒保罗没有屈服于任何的逼迫和危难，在这世上无论是吃、喝、穿，无论做什么，都是为了成就神的国和神的义，靠信心辛劳和忍耐，凡所到之处，彰显了神的能力而荣耀神。

因此，在提摩太后书四章8节，保罗告白说："从此以后，有公义的冠冕为我存留，就是按着公义审判的主到了那日要赐给我的，不但赐给我，也赐给凡爱慕他显现的人。"

亲爱的读者:

本书是为阐明根据个人信心的分量，各人将得到不同的冠冕和进入天国不同的居所。

因此，奉主的圣名祝福各位：在天国的盼望中，仰望不朽的天国，存着诚心和充足的信心，作努力进入天国的智慧圣徒，并在新耶路撒冷城中享受荣耀、幸福与喜乐。

不同的居所与冠冕

信心的大小
The Measure of Faith

本书所引圣经经文取自《现代标点和合本》

作　者: 李载禄
编　辑: 宾锦善
设　计: 乌陵出版社设计组
发　行: 乌陵出版社（发行人: 宾圣建）
印　刷: 艺源印刷厂
出版日期: 2002年4月初版（韩国，乌陵出版社，韩国语）
　　　　　2007年5月初版（台湾，天恩出版社）
　　　　　2012年6月二版（韩国，乌陵出版社）
　　　　　2012年6月三版（马来西亚，万民出版社）

问 讯 处: 乌陵出版社
电　话: 82-2-837-7632 / 82-70-8240-2072
传　真: 82-2-869-1537
E-mail: urimbook@hotmail.com

"乌陵"是旧约时代的大祭司为了求问神的旨意而使用的决断的胸牌，希伯来原意为"光"（出埃及记28章30节）。"光"代表着将我们引入生命的神的话语，因此"乌陵"也是代表着本为光的神。乌陵出版社为了用真光照亮整个世界，如今正在以祷告和赤诚，奔跑在文书宣教的前沿。